S. H. Dalai Lama

Tibet – Ort der Götter, Land der Tränen

HERDER / SPEKTRUM

Band 4497

Das Buch

Tibet – Dach der Welt, jahrhundertealte buddhistische Kultur, eines der faszinierendsten Länder der Erde – blutet aus. Seit Beginn der chinesischen Invasion in Tibet im Jahr 1950 wurden nahezu 1 200 000 Tibeter Opfer von Folter, willkürlicher Verhaftung und Verschleppung – mehr als ein Sechstel der tibetischen Bevölkerung. Von den 150 000 Einwohnern Lhasas sind nur noch ein Drittel Tibeter. Dort, wo sich einstmals die historische Altstadt Lhasas befand, erheben sich jetzt Bürogebäude. Ein Großteil der Klöster wurde zerstört, die letzte nicht chinesisch kontrollierte Schule im Februar 1994 geschlossen. Das kulturelle Erbe des Landes wird systematisch vernichtet, seine reichen natürlichen Ressourcen werden rücksichtslos ausgebeutet, der Boden vergiftet. Tibet droht vom Erdboden – und aus der Geschichte – zu verschwinden. Wo liegen die Ursachen für die schwerwiegenden Menschenrechtsverletzungen durch die chinesischen Besatzer? Was kann getan werden, um ihnen zu begegnen? Dies sind nur einige der Fragen, die der XIV. Dalai Lama und Gilles van Grasdorff im Verlauf eines faszinierenden Gesprächs erörtern, das dem Leser einen umfassenden Überblick über Vergangenheit, Gegenwart und Zukunft Tibets und seiner Bewohner vermittelt. In einem abschließenden Essay entwirft der Dalai Lama seine Vision eines die Welt umgreifenden Friedens aus dem Geist des Mitgefühls. Das Buch wird abgerundet durch einen zusammenfassenden Abriß der chinesischen Besatzung Tibets von Gilles van Grasdorff.

Der Autor

Der XIV. Dalai Lama, Tenzin Gyatso, geb. 1935, ist weltweit bekannt als spiritueller Führer. Er ist das geistliche und weltliche Oberhaupt der Tibeter und Träger des Friedensnobelpreises. In Herder/Spektrum: „Zeiten des Friedens" (Band 4065); „Einführung in den Buddhismus" (Band 4148); „Sehnsucht nach dem Wesentlichen" (Band 4229); „Mitgefühl und Weisheit" (Band 4288).

Der Gesprächspartner

Gilles van Grasdorff, geb. 1948, ist Autor verschiedener Romane, Biographien und Erzählungen. Freier Journalist für Zeitungen in der Schweiz, in Luxemburg und in den Niederlanden.

S. H. Dalai Lama

Tibet – Ort der Götter, Land der Tränen

Herausgegeben von Gilles van Grasdorff

Aus dem Französischen von Stefanie Windfelder

Herder

Freiburg · Basel · Wien

Gedruckt auf umweltfreundlichem,
chlorfrei gebleichtem Papier

Deutsche Erstausgabe

Alle Rechte vorbehalten – Printed in Germany
© Verlag Herder Freiburg Basel Wien 1996
Originalausgabe: Sa Sainteté de Dalaï-Lama, Terre des dieux,
malheru des hommes. Propos recueillis par Gilles van Grasdorff.
Editions Jean-Claude Lattès, 1995.
Bei den Gesprächen mit S.H. dem Dalai Lama leistete Oan Vovan
für die Übersetzung aus dem Tibetischen Hilfestellung.
Herstellung: Freiburger Graphische Betriebe 1996
Umschlaggestaltung: Joseph Pölzelbauer
Umschlagfoto: Raghu Rai / MAGNUM, Focus
ISBN: 3-451-04497-8

Die Tibetologie ist eine vielschichtige Wissenschaft, in die man sich nicht vertiefen kann, ohne ein gewisses Risiko einzugehen. Ich schulde dem tibetischen Büro, der offiziellen Vertretung Seiner Heiligkeit des Dalai Lama, großen Dank. Besonders danke ich Herrn Wangpo Bashi, dem Assistenten des Leiters des Tibet-Büros, der die Mühe auf sich genommen hat, das Manuskript zu lesen, und der durch seine unverzichtbare Mitarbeit zum Gelingen des Buches beigetragen hat.

Inhalt

Vorwort

Im Jahr 1949 verkündete der amerikanische Kongreß, daß die Volksrepublik China durch Gewalt ihre Macht auf Tibet ausgeweitet hatte. Seitdem sind mehr als 1 200 000 Tibeter – ungefähr ein Sechstel der tibetischen Bevölkerung – als Opfer politischer Verfolgungen und Inhaftierungen, von Folter und Hunger gestorben. Mehr als 6000 kulturelle Zentren und Klöster wurden verwüstet oder geplündert.

Ebenfalls im Jahr 1949 setzte Tenzin Gyatso, der XIV. Dalai Lama, seine Ausbildung zum Mönch fort; er war gerade 16 Jahre alt geworden. Durch das Ereignis der chinesischen Invasion wurde für ihn neben dem Studium der heiligen Texte und den Meditationssitzungen ein Gedanke bestimmend: Tibet zu retten.

Zehn Jahre später, als er sich gerade darauf vorbereitet, das „Schneeland" Tibet zu verlassen, lehnt er in einer in Lhuntse Dzong, im Süden Tibets, gehaltenen Rede offiziell den „17-Punkte-Vertrag" ab, den die Volksrepublik China den Tibetern 1951 auferlegt hatte, und verkündet die seiner Autorität unterstellte Verfassung einer Exilregierung.

Nahezu 85 000 seiner Landsleute folgen ihm auf dem Weg der Auswanderung.

Im April 1960 richtet sich Seine Heiligkeit der XIV.

Dalai Lama im 1963 Meter hoch gelegenen Dharamsala in Indien ein. Dort entsteht die erste Struktur der
tibetischen Exilgemeinde: die Zentrale Tibetische
Verwaltung. Schnell entwickeln der Dalai Lama und
seine Regierung ein umfassendes Programm mit folgenden Zielen: die Flüchtlinge in eine homogene Gemeinschaft zu integrieren, ihre nationale Identität zu
wahren, ihre Sprache und ihre Tradition weiterzuentwickeln, aber auch die materiellen Voraussetzungen
für ihr Überleben zu schaffen.

Vier Uhr morgens: Bereits jetzt erwacht das oberhalb
von Dharamsala gelegene Viertel Mac Leod Ganj. Die
Hauptstraße belebt sich: Kleiderrascheln, Murmeln,
leise Schritte, leuchtende Augen, Hände, durch die
der Rosenkranz läuft (*mala*). Die Nacht ist klar. Alte
Tibeter und Tibeterinnen gehen mit gebeugtem Rük-
ken und kleinen Schritten den *lingkhor* entlang, jenen
heiligen Weg, der den Tempel und die Residenz um-
gibt, und lassen dabei immer wieder den abgenutzten
Rosenkranz durch die Hand laufen. Die Tibeter beten.
Auf dem kleinen, von Bäumen umgebenen Platz, der
sich auf den Tsuglagkang öffnet, huschen rote Schat-
ten im Flackern der Kerzen und im Dunst des Weih-
rauchs über den Boden. Sie gehen, knien nieder, stehen auf, gehen weiter. Das ist die Stunde, in der der
Schmerz den Körper verläßt und der Körper selbst
leicht wird wie die Seele. Murmeln, Gebete, rhythmi-
sches Knien und erste Morgengesänge.
    Nicht weit von dort breiten indische Frauen Gerste
auf den Dächern der Häuser aus. Andere Morgenge-
räusche sind zu hören ...
    Im Inneren der hastig hochgezogenen Häuser, häu-

fig mit Dächern aus Karton, aus Metallplatten, manchmal aus Holzbrettern, wirft der von kleinen Butterlampen beleuchtete Altar ein tänzelndes Licht auf einen Topf mit gesalzenem und gebuttertem Tee. In der Ecke eines Zimmers bereitet eine Frau einen Brei aus gerösteter Gerste (*tsampa*) oder auch tibetisches Brot zu. Ein Mann murmelt Klagegesänge.

Und dann brodelt das Viertel Mac Leod Ganj plötzlich auf. Sechs Uhr morgens: Schreie und Pfiffe mischen sich unter das Brummen der Motore, aus denen schwarze Wolken entweichen, unter die auflebenden Hupkonzerte, die vor dem Einbruch der Dunkelheit nicht mehr verstummen werden. Jetzt kommt der erste Bus aus Richtung Neu-Delhi an, aus dem erschöpfte Passagiere herausströmen: Einige von ihnen haben 15 oder 16 Stunden auf dem Dach oder auf Koffern zusammengekauert verbracht. Das Viertel erwacht und öffnet sein Herz für zwei Kulturen: einem vielfarbigen Indien voller Toleranz gegenüber einem Tibet im Exil, dessen Erinnerung stark und unzerstörbar ist.

Die „Windpferde", die das Bild der tibetischen Landschaft – auch im Exil – prägenden Gebetsfahnen (*Lung Ta*), flattern im Wind. Am Eingang sowie am Ausgang des Dorfes, aber auch entlang des *lingkhor* weisen die *mani* (Steine mit eingeritzten religiösen Schriftzeichen; S. W.) den Weg. Die Tibeter öffnen ihre Läden in den beiden Straßen von Mac Leod Ganj. Auf dem Rückweg vom Tempel lesen die alten Tibeter und Tibeterinnen, aber auch viele junge Leute sowie Mönche und Nonnen die jüngsten Neuigkeiten, die an eine Wand geschlagen sind, ein paar Schritte entfernt vom einzigen Platz des Dorfes.

Auf ihm entfaltet sich das Leben in seiner ganzen, ansteckenden Leidenschaft. Überall: der wohlwollende Blick der Alten, das schüchterne Lächeln der Nonnen, die Sanftheit der Mönche. Einige Schritte weiter führt das astromedizinische Institut die Tradition einer Heilkunde fort, die seit mehr als 2500 Jahren Heilung bringt.

Wenn die tibetischen Flüchtlinge in Mac Leod Ganj auch ein friedliches Leben führen, das leidenschaftlich und voller Mitgefühl ist, erinnern doch einige Schriftzüge wie: „Freies Tibet", „Rettet Tibet", „Tibet lebt" auf den Mauern oder auf den Holzbaracken und auf den T-Shirts, die an die Touristen verkauft werden, daran, daß 6 000 000 Tibeter unter chinesischer Herrschaft leben müssen. Sie leiden unter Enteignungen, Folter, Vergewaltigungen, erzwungenen Abtreibungen und Bevölkerungsumsiedlungen.

Dennoch: Der Dalai Lama und seine demokratische Exilregierung setzen trotz des Leidens des tibetischen Volkes ihre Bemühungen fort, das Tibet von morgen vorzubereiten.

ERSTER TEIL

Gespräche mit Seiner Heiligkeit dem Dalai Lama

Gilles van Grasdorff: Ihre Heiligkeit, ich würde unser Gespräch gerne mit einer Frage beginnen, die nicht Ihre Person, aber Ihren Titel Dalai Lama betrifft. Können Sie uns in einigen Worten seinen Ursprung und Sinn erklären?

Dalai Lama: Um Ihnen zu antworten, muß ich etwas über die Vergangenheit der tibetischen Nation sagen, die für die Gegenwart ihrer Flüchtlinge so wichtig ist, und vor allem muß ich zurückgehen auf die Gestalt des III. Dalai Lama Gyalwa Sonam Gyatso, dessen Leben und Werk für unser Land bestimmend wurde, indem er ihm den Impuls gab, der es bis in die heutige Zeit leitet. Die Chronik erzählt, daß zwei Gelugpa-Mönche (Gelugpa, tibetisch etwa „Schule der Tugendhaften"; eine der vier Hauptschulen des Tibetischen Buddhismus; S. W.), die Gefangene eines Stammes der Tangüt waren, gerade in die Hände der tümetischen Mongolen gefallen waren, die ein alternder Prinz, Altan Khan, regierte. Die beiden Mönche bewahrten ihre Haltung und zogen dadurch die Aufmerksamkeit des Prinzen auf sich. Sie überzeugten ihn, sein Verhalten zu ändern. Von den Werten des Buddhismus überzeugt, ließ der Prinz Gyalwa Sonam Gyatso zu sich rufen. Das Treffen kam 1578 zustande. Ihm folgte die Konversion des mongolischen Volkes. Es ist nun so, daß der Prinz, der den Lama über die Sterblichen zu heben wünschte, ihm den Titel „Dalai" verlieh, der auf mongolisch „Ozean" bedeutet und dessen Äquivalent auf tibetisch „Gyatso" heißt. Seitdem tragen die Nachfolger des Gyalwa Gyatso den Titel Dalai Lama, und dies ist so bis heute. Aber neben dem Ursprung des Titels kann man noch eine andere Lehre aus dieser Geschichte ziehen, eine Lehre, die uns in die Gegenwart zurückführt. Als er bei den Mongolen war, bezog Gyalwa Sonam Gyatso Stellung bezüglich der weltlichen Auseinandersetzungen seiner Zeit, er widersetzte sich den Chinesen, deren hegemonialen Ehrgeiz er schon damals befürchtete.

G. v. G.: Soweit zum Anfang. Aber wie hat sich das weiterentwickelt, wie hat der Staat Tibet gewissermaßen Gestalt angenommen?

D. L.: Tatsächlich ist es 1642 zum erstenmal in der Geschichte Tibets vorgekommen, daß der geistige Führer, der der Dalai Lama ist, auch die politische Macht übernahm. Ngawang Lobsang Gyatso, der V. Dalai Lama, begründete in dieser Epoche die konstitutionelle Verfassung, die die tibetische Regierung bis 1959 beibehalten konnte. Zum größten Wohl unseres Volkes und unserer Religion ordnete er die irdischen und spirituellen Hierarchien. Andererseits knüpfte er auf der anderen Seite Beziehungen zu China, wohin er sich auf Einladung des ersten Eroberers der Mandschurei begeben hatte, der ihn von da an als seinen geistigen Lehrer betrachtete. Daraus entstanden für beinahe zweieinhalb Jahrhunderte herzliche Beziehungen, gegenseitige Allianzen, die einerseits auf dem Respekt vor geistiger Autorität und andererseits auf der Achtung der weltlichen Macht beruhten. Wegen dieser zugleich religiösen und politischen Handlung lernte Tibet zunächst 50 Jahre Wohlstand und Frieden kennen. Aber es sind vor allem die Auswirkungen seiner inneren Reformen, die bestimmend wurden: das Zusammenbringen der Vasallen unter einem Führer, die Schaffung einer zentralen Regierung und die Entwicklung des Handels, der es den ausländischen Kolonisten (Mongolen, Chinesen und Nepalesen) ermöglichte, sich auf tibetischem Gebiet niederzulassen. Sie gaben der Kunst und den Wissenschaften Aufschwung.

Historischer Kontext

G. v. G.: Kommen wir nun zu einer näherliegenden Geschichtsperiode. Vom Ende des 19. Jahrhunderts bis zum Anfang des 20. Jahrhunderts sah sich Tibet mit dem britisch regierten Indien und dadurch mit dem Westen konfrontiert. Was Sie betrifft, wie analysieren Sie die Haltung der Engländer? Kann man sagen, daß sie die chinesische Invasion politisch unterstützten oder daß sie ihr zumindest das Feld überlassen haben?

D. L.: In gewisser Weise: ja. In diesem Zeitabschnitt war Britisch-Indien gerade dabei, wirtschaftliche Beziehungen mit Tibet zu knüpfen. Dazu war es notwendig, die verschiedenen Grenzfragen zu regeln. Denn die Briten schwankten zwischen einer direkten Verhandlung mit den Tibetern und dem Umweg über die Chinesen. Aber der einzige Vertrag zwischen Tibet und China – außer jenem, der 822 in Steintafeln

17

eingraviert worden war – stammte von 1247. Dennoch glaubten die britischen Diplomaten, die einer einfachen Sicht der Dinge anhingen, daß Tibet von der chinesischen Führung abhängig war. Man wird dieselbe Haltung der Engländer gegenüber Chiang Kai-shek nach dem Zweiten Weltkrieg finden. Wie dem auch sei, die Briten unterzeichneten mit Peking mehrere Abkommen, die alle Fragen bezüglich des Handels und des Verkehrs in Tibet – wie auch in Burma – regeln sollten. Am 17. März 1890 wurde in einem ersten Text die Grenze zwischen Tibet und Sikkim festgelegt, und es wurden Regeln eingeführt, die die Beziehungen zwischen den tibetischen Behörden und den britischen Behörden in Indien normieren sollten. Am 5. Dezember 1893 gewährte ein neues anglo-chinesisches Abkommen Großbritannien einige Handelsrechte im Süden von Tibet, zwischen den Grenzen von Sikkim und Bhutan. Da unsere Regierung in Lhasa diese Abkommen ohne Wert für sich beurteilte, häuften sich die Zwischenfälle, so daß 1904 die britischen Streitkräfte die Hauptstadt umzingelten. Am 7. September 1904 unterzeichnete die tibetische Regierung in Abwesenheit des Dalai Lama einen Vertrag, der die Grenzen und die Handelsrechte bestätigte, der aber auch festsetzte, daß sich keine ausländische Macht in die tibetischen Angelegenheiten einmischen sollte. Bei dieser Gelegenheit erwähnte niemand China, und die chinesische Regierung selbst erhob keinen Protest.

Man muß die Doppelzüngigkeit oder zumindest die Zweideutigkeit der Briten betonen, die, weil sie befürchteten, daß Rußland seinen Einfluß in Asien ausweiten würde, auf der einen Seite die Hoheit Chinas über unser Land anerkannten, die sich auf der anderen Seite aber dafür aussprachen, daß sich niemand in die tibetischen Angelegenheiten einmischen sollte, und die im gleichen Atemzug direkt mit der chinesischen Regierung über alle Fragen, die Tibet betrafen, verhandelten. Diese Salon-Diplomatie, weit entfernt von orientalischem Feingefühl, gestand Tibet nur eine einzige Sache zu, die sich zwar augenscheinlich günstig, in Wirklichkeit aber verheerend auswirkte: die zweifelhafte Gunst der Nicht-Intervention in seine inneren Angelegenheiten, wodurch China die Tür geöffnet wurde, das uns dann auch 1910 überfiel ...

G. v. G.: Sagen Sie uns ein paar Worte über diese erste chinesische Invasion, die jener von 1949 vorausging. Paradoxerweise fällt sie fast mit der Unabhängigkeitserklärung Tibets zusammen!

D. L.: Diese Invasion bedeutete einen schweren Einschnitt in die Beziehungen, die unsere beiden Länder bis zu diesem Zeitpunkt geführt hatten. Ein deutlicher Bruch mit der Vergangenheit. Es handelte sich um eine echte Aggression, die der Idee der zugleich geistigen und kulturellen Protektion völlig zuwiderlief, die bisher zwischen den Dalai Lamas und den Eroberern der Mandschurei bestanden hatte. Aber dann bricht die Revolution in China aus, die Republik wird aufgebaut. Wir sind im Jahr 1912, und die politischen Veränderungen in Peking werden unsere Beziehungen erschüttern. Tatsächlich kann sich die weltliche chinesische Regierung das geistige Verhältnis mit dem Dalai Lama nicht mehr zunutze machen. Die Chinesen verlassen unser Land. Zum erstenmal seit dem 18. Jahrhundert gibt es weder einen chinesischen Regierungsbeamten noch einen Militärangehörigen in Lhasa. Der damalige Dalai Lama erklärt im Januar 1913 die Unabhängigkeit Tibets und übernimmt wieder die geistige und weltliche Führung des Landes ... Mit der Regierung von Peking wird kein Vertrag abgeschlossen. Dennoch lernt Tibet 37 Jahre Unabhängigkeit kennen.

G. v. G.: Der damalige Dalai Lama ist Thubten Gyatso, Ihr Vorgänger, und außer der Unabhängigkeit hat er eine ganze Menge Reformen eingeleitet: eine Modernisierung des Landes, von der Sie heute noch profitieren.

D. L.: In der Tat. Also, hier ist das freie und unabhängige Tibet. Mein Vorgänger, der XIII. Dalai Lama, hat alles getan, um ein Reformprogramm zu verwirklichen, das für die Modernisierung unseres Landes sehr wichtig war. Er hatte sogar die Armee umstrukturiert und wollte das Lebensniveau seines Volkes verbessern. 1925 bringt er Briefmarken in Umlauf und schafft ein Postsystem, das alle großen Städte des Landes miteinander verbindet. Das Telegrafensystem wird mit dem englisch-indischen Netz verbunden. Es entstehen kleine Wasserkraftwerke, und die Zentralbank bringt Scheine in Umlauf, die das chinesische Kleingeld und die tibetischen Geldstücke aus Kupfer ersetzen sollen. Der XIII. Dalai Lama läßt auch – und das ist sehr wichtig – einen tibetischen Paß ausstellen, der international anerkannt ist und Tibet der Welt öffnet.

G. v. G.: Aber all diese Reformen haben hohe Ausgaben verursacht ...

D. L.: Das ist klar, und der XIII. Dalai Lama hat sich aus der öffentlichen Kasse bedienen müssen. Er richtete 1920 auch ein Büro ein, das die Einkommen überprüfte. Auf der einen Seite machte er das, um Steuerbetrug zu verhindern, auf der anderen Seite, um neue Geldquellen zu erschließen. Übrigens erhöhte er die Steuern auf Salz und Lederwaren. Es gelang ihm sogar, obwohl die Briten lange Zeit dagegen gewesen waren, 1929 eine Steuer von fünf Prozent auf die Waren zu erheben, die über die tibetisch-indische Grenze kamen.

G. v. G.: Es ist nicht sinnvoll, wenn wir uns zu lange mit dieser Periode befassen, da sie Ihre heutige Regierung, die von Ihnen geleitete Exilregierung, in direktem Zusammenhang mit der damaligen betrachten.
D. L.: Genau so ist es.

G. v. G.: Also, wie setzte sich jene zusammen?
D. L.: Was die Regierung betrifft, bestand der Ministerrat (*Kashag*) aus vier Mitgliedern: einem Mönch und drei Laien. Zwei Büros hingen direkt vom *Kashag* ab: das Sekretariat (*Yig Tsang*) und das Finanzbüro (*Tse-Khang*). Das Sekretariat wurde von vier Mönchen geleitet, die sich – unter direkter Verantwortung des Dalai Lama – um religiöse Fragen kümmerten. Im Finanzbüro nahmen sich vier Laien der irdischen Verwaltung des Staates an ... Wir besaßen darüber hinaus eine Nationalversammlung, die sich nach drei verschiedenen Verfahren bilden konnte. Wenn sie normal tagte, bestand sie aus etwa 20 Personen: den acht Mitgliedern des *Yig-Tsang* und des *Tse-Khang*, den Vertretern der drei großen Klöster in der Nähe von Lhasa und den Laien. Wenn über spezielle Probleme

debattiert werden mußte, wuchs die Gruppe auf 30 Mitglieder an. Für Fragen von höchster Wichtigkeit wurde eine außerordentliche Sitzung unter der Führung des Dalai Lama einberufen, eine Plenarversammlung, die nun 400 Mitglieder zählte ... Dazu kamen natürlich noch jene Verwaltungen, die für das gute Funktionieren eines Landes nach abendländischem Vorbild notwendig sind.

G. v. G.: Neben einer feudalen Sozialstruktur und einer moderner werdenden Verwaltung besaß Tibet zu diesem Zeitpunkt ein erstaunlich modernes Rechtsverständnis, das aus dem traditionellen Erbe hervorgegangen ist und von dem sich viele bestehende Demokratien inspirieren lassen könnten.

D. L.: Das tibetische Rechtssystem geht auf den ersten buddhistischen König zurück, Songtsen Gampo, der unser Land während der ersten Hälfte des 17. Jahrhunderts regiert hat. Von der Weisheit der buddhistischen Verhaltensregeln beeindruckt, war der König auf den Gedanken gekommen, ein allgemeines ethisches Werk mit religiösen und weltlichen Gesetzen zu verfassen. Er hat ein Gesetzbuch von 16 moralischen Tugenden veröffentlicht: die 16 reinen menschlichen Gesetze, die als Grundlage für die praktische Vorbereitung des *vinaya* (mönchische Gesetze) gedient haben ...

Wir können sie folgendermaßen umschreiben:

1. Flüchte dich zu Buddha, Dharma und Sangha.
2. Derjenige, der tötet, stiehlt oder Ehebruch begeht, muß eine Geldstrafe bezahlen, wird auf andere Weise bestraft oder des Landes verwiesen.

3. Setze die Tradition fort, Eltern und ältere Menschen in der Gemeinschaft zu respektieren.
4. Übe die Gewaltlosigkeit: Lebe ohne Feindseligkeit oder heimlichen Groll, und achte denjenigen, der Erfüllung in sich selbst und anderen findet.
5. Zeige eine ernsthafte Freundschaft gegenüber allen, besonders gegenüber den dir Nahestehenden und Freunden, und ermutige sie, wenn sie Unterstützung brauchen.
6. Hilf den dir Nahestehenden genauso, wie du willst, daß auch dir selbst geholfen wird.
7. Sei bescheiden und offen in deinen Äußerungen und zugleich ehrlich und direkt.
8. Folge den gesunden Einflüssen der anderen: jenen, die die Kenntnis und die Weisheit besitzen oder die die von der Gemeinschaft respektierten Oberhäupter sind.
9. Bewahre deine guten Fähigkeiten, und sei beim Essen und Trinken bescheiden.
10. Benutze keine harte, gewaltsame, bittere oder täuschende Sprache gegenüber deinen Freunden.
11. Zahle immer deine Schulden.
12. Sei in deinen finanziellen Verträgen offen, und täusche die anderen nicht durch Fälschung, Lüge oder Hinterlist.
13. Sei in deinen Gefühlen ausgeglichen, und beneide denjenigen nicht, der das erreicht hat, was du dir wünschst.
14. Unterstütze keine feindlich gesinnten oder gefährlichen Personen, vor allem nicht jene, die die Gemeinschaft stören wollen.
15. Sprich nicht unüberlegt, sei sparsam in deinen

Äußerungen; deine Rede sei von echter Sorge um die anderen bestimmt.

16. Mache dich weder lustig über die Fehler der anderen noch mische dich in ihre persönlichen Angelegenheiten ein, sofern man dich nicht um Hilfe gebeten hat.

König Trisong Detsen, der Songtsen Gampo nachfolgte, sollte im Laufe des 18. Jahrhunderts die gesamten Verordnungen, die sein Vorgänger erlassen hatte, weiterentwickeln und vertiefen. Tatsächlich bezieht man sich in den Gesetzen unseres Landes bis heute auf sie.

G. v. G.: So sehen die Prinzipien aus, aber wie wurde das Recht konkret umgesetzt?

D. L.: Im wesentlichen wurden die Fälle krimineller Übergriffe und des Zivilstreits auf der ersten Stufe vom Ältestenrat des Dorfes oder in den Nomadengemeinschaften vom Ältestenclan behandelt. Wenn man zu keinem befriedigenden Urteil kam, wurde der Fall eine Stufe höher in die Führungshierarchie gereicht, die, wie in anderen Feudalgesellschaften auch, mehr oder weniger der Klasse der Grundeigentümer entsprach.

Je nach Region konnten auf diesen höheren Entscheidungsebenen unabhängige örtliche Prinzen, die zentrale Regierung oder mönchische Institutionen eingeschaltet werden, die – je stärker die tibetische Gesellschaft religiös geprägt war – ihren Einfluß auszuweiten oder sogar die weltliche Hierarchie des Adels zu ersetzen versuchten.

G. v. G.: Gab es damals noch die Todesstrafe?

24

D. L.: Nein. Sie war seit dem 17. Jahrhundert streng verboten. Damals wurde ein Mörder durch eine Entschädigung für die Familie des Opfers bestraft. Die Gefängnisstrafe war selten, und selbst Lhasa besaß kein nennenswertes Gefängnis.

G. v. G.: Welche Urteile wurden nun hauptsächlich angewandt?

D. L.: In den meisten Fällen bestand das Urteil in einer Wiedererstattung der gestohlenen Güter oder im Bezahlen einer Strafe in Form von Geld, Waren oder Dienstleistungen. Andere Vergehen konnten durch die Ausübung religiöser Praktiken ausgeglichen werden.

G. v. G.: Dennoch gibt es Erzählungen und Zeugenberichte, in denen von weitaus härteren Strafen die Rede ist ...

D. L.: Das stimmt! Es kam vor, daß ein Schuldiger unter die Aufsicht eines Richters gestellt wurde, bis er seinen Respekt vor dem Gesetz bewies. Manchmal wurden auch drakonische Strafen auferlegt: das In-Ketten-Legen zum Beispiel. Aber solche Strafen waren selten und wurden nur bei schweren kriminellen Handlungen oder bei Vorbestraften angewandt. Es hat bestimmt auch Machtmißbrauch gegeben, aber es ist für die Tibeter immer einfacher als für die Mitglieder anderer Feudalgesellschaften gewesen, sich bei juristischen Irrtümern an eine höhere Instanz zu wenden.

G. v. G.: Gab es Einflüsse im Rechtssystem, die mäßigend gewirkt haben?

D. L.: Sicher. Die regionalen und zentralen Räte konnten den von den Eigentümern oder den örtlichen Führungskräften begangenen Machtmißbrauch erkennen und wiedergutmachen. Ein anderer, häufig genutzter, mäßigender Einfluß war die Vermittlung, die – auf allen Ebenen – von hochrespektierten geistlichen Lehrern ausgeübt wurde. Man bat diese um Unparteilichkeit, und ihre weithin anerkannte Autorität bildete eine Grundlage für das Urteil. Wie auch Sie habe ich in verschiedenen Berichten gelesen, wie einige dieser Personen das Rechtssystem in Eigeninitiative dafür benutzten, entweder das Recht der Armen zu schützen oder sie zu enteignenen. Deshalb scheint es mir heute grundsätzlich wichtig zu sein, daß in dem zukünftigen demokratischen Staat, der das freie Tibet sein wird, ein juristisches System, das den Bedürfnissen unseres Volkes angepaßt und sich unserer buddhistischen Tradition bewußt ist, völlig unabhängig vom Staat und von seiner Regierung handeln kann.

G. v. G.: Erlauben Sie mir, einige Punkte, die Sie entwickelt haben, weiterzuverfolgen. Was halten Sie von der chinesischen Propaganda, die Dokumente von Gefangenen zeigt, die in Ketten liegen oder andere grausame Strafen erdulden müssen?

D. L.: Ich glaube, sagen zu können, daß das damalige tibetische Rechtssystem im Vergleich mit demjenigen anderer Gesellschaften, die sich im selben Entwicklungsstadium befanden, gemäßigt war, und daß die Rechtsprechung in unserem Land von Grund auf gerecht war, besonders wenn man sie mit jener vergleicht, die die Chinesen seit 1950 in Tibet anwenden! Die Festnahmen ohne Prozeß geschehen jetzt häufig, die „politischen" Verbrechen sind zahlreicher als die am gemeinen Recht begangenen Vergehen, die Gefangenen werden schlecht behandelt und gefoltert, und ein weites Netz von „Gulags" wird in den Ebenen im Norden von Tibet aufrechterhalten, weit weg von den Augen der Besucher. Falls es notwendig war, die Wohltaten eines zivilisierten Rechtssystems einzuführen, ist die „chinesische Befreiung" weit davon entfernt, ein solches Bedürfnis zu befriedigen.

G. v. G.: Dennoch gibt es einige, Ihre Heiligkeit, die die Todesstrafe für unvermeidlich halten. Glauben Sie, daß es möglich ist, sie wieder einzuführen, oder halten Sie ihre Abschaffung für endgültig beschlossen?

D. L.: Die Todesstrafe muß endgültig abgeschafft werden. Und jedesmal, wenn es eine internationale Kampagne gegen die Todesstrafe gibt, bin ich der erste, der seine Unterstützung anbietet und seine Unterschrift leistet.

Eine Person zum Tode zu verurteilen, ist eine schwerwiegende Handlung.

Es handelt sich ganz einfach darum, ein menschliches Wesen auszulöschen. Es ist wichtig, daß das betroffene Individuum, er oder sie, weiterleben kann, um die Möglichkeit zu haben, sein Verhalten zu verändern. Ich bin davon überzeugt, daß selbst bei den gefährlichsten Kriminellen eine Chance für Umwandlung und Besserung besteht. Natürlich sind wir nicht gerne krank, leiden wir nicht gerne. Dennoch versteht es sich von selbst, daß wir unseren Körper nicht auslöschen können, auch wenn es ihm schlecht geht. Wir entledigen uns seiner nicht, sondern wir versuchen, uns von der Krankheit zu befreien. Dies gilt im übertragenen Sinn auch für das Verhalten der Gesellschaft gegenüber dem Kriminellen.

Jeder von uns kann irgendwann einmal ein Krimineller werden. Umgekehrt kann aus jedem Kriminellen, selbst in der schlimmsten Situation, wieder ein gutes Wesen werden. Wenn wir diese Person leben lassen, lassen wir ihr die Chance, die Veränderung zu vollziehen, zu der wir alle die Kraft haben. Deshalb kann ich den Befürwortern der Todesstrafe nicht folgen; aus all diesen Gründen, die ich Ihnen gerade dargelegt habe, kann ich sie nicht akzeptieren.

G. v. G.: Kommen wir zu den Jahren vor der Invasion von 1949 zurück. Sie hatten eine Zeitlang die Macht in Tibet, und Sie führten, als Fortsetzung der Arbeit der vorhergehenden Regierung, eine Demokratisierung Ihrer Regierung und soziale Reformen durch. Was haben Sie damals genau gemacht?

D. L.: Es mußten in unserem Land grundlegende Reformen durchgeführt werden. Der Buddhismus ist überhaupt nicht vereinbar mit einer ungleichen Verteilung des Reichtums, was der Fall war. Ich habe also entschieden, zunächst etwas im Steuerbereich und bei der Bodenverteilung zu tun. Um das zu machen, habe ich einen aus 50 Mitgliedern bestehenden Reformausschuß gegründet, der damit beauftragt wurde, alle Vorschläge zu studieren, bevor über sie in der Nationalversammlung debattiert wurde.

Zunächst zur Bodenverteilung. Um ihren Sinn zu verstehen, muß man wissen, daß das Land in Tibet der Regierung gehört. Die Bauern pachten eine Parzelle. Um ihre Pacht zu bezahlen, geben die einen einen Teil ihrer Ernte an die Regierung ab, was dann tatsächlich die Grundlage für die Vorratskammern der Regierung darstellt, aus denen die Klöster versorgt werden; die anderen stellen ihre Arbeitskraft zur Verfügung. Diese Abgaben oder diese Arbeitsbeiträge sind nicht sehr hoch. Wie dem auch sei, wenn das Land dem Staat gehört, ist die Pacht erblich. Es ist die größte Ehre für einen Bauern, wenn er sein intaktes oder vergrößertes Landgut seinen Erben übertragen kann. Auf der anderen Seite hat der Bauer das Recht, seine Parzelle zu vermieten, sie mit einer Hypothek zu belasten oder sie zu verkaufen, obwohl das sehr selten ist. Soweit dazu.

Die Bodenreform hatte an erster Stelle den Privatbesitz im Auge, und auch Güter, die im Laufe der Zeit unmerklich in den Besitz der Familien der Aristokratie und der Klöster übergegangen waren. Ich hatte beschlossen, dieses Land – selbstverständlich gegen eine Entschädigung – zurückzunehmen und daraus wieder Staatseigentum zu machen. Dieses Land würde anschließend wieder an die Bauern verteilt werden mit der Auflage, den Ackerboden zu bebauen. Als Pächter des Staates sollten von nun an wieder alle sozial gleichgestellt sein.

Nun zu den Steuern. Der Staat hat schon immer festgelegt, wie hoch der Beitrag ist, den jede Provinz zu bezahlen hat. Aber es war auch schon immer so, daß die Provinzbehörden zusätzliche – nicht offizielle – Abgaben erhoben haben, um ihre Ausgaben zu decken. Es gab kein Gesetz in Tibet, das die Höhe dieser Erhebungen begrenzt, geschweige denn sie verboten hätte. Nach einer Beratung mit dem Ministerrat (Kashag) und dem Ausschuß für Reformen habe ich ein Gesetz erlassen, das diese Praktiken verbot, da sie zahlreiche Ungerechtigkeiten nach sich zogen, die ich nicht zulassen konnte. Darin wurde festgelegt, daß die von den örtlichen Behörden eingenommene Summe exakt wieder dem Staat zufließen würde und daß ein von der Zentralregierung festgesetzter Arbeitslohn erhoben würde. Das alles klappte natürlich nicht ohne Unstimmigkeiten ...

Noch etwas anderes kam hinzu. Seit einigen Jahren lieh die Regierung denjenigen Bauern Geld, die schwierige Bergpässe überqueren mußten. Einige profitierten davon und bereicherten sich dabei enorm. Es gab also Mißbräuche. Als mir der Untersuchungsausschuß die Beweise dieser Veruntreuungen geliefert hatte, entschied ich, diese Situation zu verbessern. Zunächst unterteilte ich die darlehensbedürftigen Bauern in drei Kategorien: diejenigen, die weder das Kapital noch die Zinsen zurückzahlen konnten, jene, deren Jahreseinkommen nicht ausreichte, um die Zinsen zu bezahlen, die aber das Kapital – zumindest in Raten – zurückerstatten konnten, und jene, die sich durch den unkontrollierten Erhalt der Darlehen bereichert hatten und Kapital und Zinsen entrichten konnten ...

Alle Reformen zusammen waren gerecht. Die Reformen, die ich Ihnen gerade dargelegt habe sowie jene, die folgen sollten, waren dafür gedacht, den Tibetern den Schritt in eine moderne, gerechtere Zeit zu erleichtern. Tibet ist bestimmt kein perfektes Land. Das Leben dort ist sehr hart. Aber dem Volk dient die Religion in jedem Augenblick zugleich als Führung und Stütze. Die Ankunft der Kommunisten stürzte unsere ganzen Pläne um.

Die chinesische Invasion

G. v. G.: Kommen wir nun zur chinesischen Invasion, die die Ursache für Ihre augenblickliche Situation ist. Wie erklären Sie die politische Isolation Tibets zu diesem Zeitpunkt und wie die Passivität der Nationen, ihre merkwürdige Abwesenheit?

D. L.: Obwohl wir zu Asien gehören, gibt es kein ethnisches Band, das uns Tibeter mit den Völkern aus diesem Teil der Welt verbindet. Unsere Isolation ist gewissermaßen angeboren. Aber dazu gehört noch mehr. In meinen Augen erklärt ein uns von anderen Nationen unterscheidendes Merkmal zum Teil das Verhalten der ausländischen Länder uns gegenüber: die Freiwilligkeit unserer Isolation. Auch wenn es schon einige Zeit her ist, nannte man unsere Hauptstadt Lhasa nicht „Die verbotene Stadt"? Die Isolation hat bei uns Tradition. Die besondere geographische Beschaffenheit unseres Landes trägt mit dazu bei. In der Tat muß man die Pässe der Himalajakette überqueren, wenn man nach Lhasa, Nepal oder Indien kommen will. Auch die chinesische Grenze, obwohl sie leichter zu erreichen ist, ist noch immer sehr weit von der Küste entfernt. Vor allem glaubten wir, daß unsere isolierte Lage uns vor Konflikten und Überfällen schützen würde. Ein unheilvoller Irrtum.

Als mein Vorgänger 1913 die Unabhängigkeit verkündete, hielt er es nicht für nötig, Botschafter in den verschiedenen Hauptstädten der Welt zu ernennen. Genauso wenig dachte er daran, sich dem Völkerbund oder später den Vereinten Nationen anzuschließen. Über die Unabhängigkeit Tibets gab es seiner Meinung nach überhaupt keinen Zweifel, auch nicht bei seinen Landsleuten. Die Unabhängigkeit konnte nicht bestritten werden. Aus der Geschichte haben wir gelernt, daß es für ein Land heutzutage unmöglich ist, völlig isoliert zu leben, selbst wenn diese Isolation für andere ungefährlich ist.

G. v. G.: Im Jahr 1933 verschied der XIII. Dalai Lama. Als sie mit den politischen Problemen konfrontiert wurden, waren Sie 16 Jahre alt. Stimmt es, daß der XIII. Dalai Lama, der prophetisch erklärt hatte: „Wir treten in eine Zeit der Unterdrückung und des Schreckens ein, wo die Tage und Nächte inmitten des Leidens endlos werden", die Stunde seines Todes mit dem Ziel bestimmt hat, dem folgenden Dalai Lama – Ihnen, Ihre Heiligkeit – genug Zeit zu lassen, um erwachsen zu werden und den Problemen ins Auge zu sehen?

D. L.: Es gibt keinen Zweifel daran, daß mein Vorgänger, der XIII. Dalai Lama, die Stunde seines Todes mit Absicht gewählt hat. Man muß wissen, daß in der Reinkarnationslehre das *Sterben* und die *Wiedergeburt* mit bestimmten, genau definierten Zielen übereinstimmen, die durch die Macht der Gebete und die Kraft der Gelübde erfüllt werden. Die großen Lamas haben so die Möglichkeit, den Zeitpunkt und den Ort ihrer Wiedergeburt zu bestimmen.

G. v. G.: Am 23. Mai 1951 unterzeichnete eine tibetische Delegation in Peking in Ihrer Abwesenheit den „17-Punkte-Vertrag", den die chinesischen Kommunisten vorgelegt hatten. 1959, schon auf dem Weg ins Exil, lehnten Sie diesen Vertrag ab. Wie analysieren Sie im Rückblick die damalige Situation?

32

D. L.: Kommen wir auf die Chronologie der Ereignisse zurück. Nach der Revolution von 1911 näherte sich China dem Kommunismus. Folglich gab es keine Affinität und keine Sympathie mehr zwischen den von einem solchen Regime verkündeten Ideen und Tibet. Es ist also ganz natürlich, daß am 8. Juli 1949, als sich die Regierung der Nationalchinesen nach Formosa (heute Taiwan; S. W.) zurückzog, unsere Regierung den chinesischen Stellvertreter in Lhasa einberief und ihm zu verstehen gab, daß das Band der Allianz, das aus der kaiserlichen Zeit herrührte, keine Existenzberechtigung mehr hätte und daß er das tibetische Territorium so schnell wie möglich zusammen mit einigen 100 chinesischen Einwohnern verlassen müßte, unter denen wir Spione vermuteten. Wir vergaßen dabei, daß die Kommunisten Chinesen blieben, und sie zögerten auch nicht, uns daran zu erinnern, indem sie beschlossen, Tibet zu „befreien".

Zwei Jahre später, am 23. Mai 1951, wurde der „17-Punkte-Vertrag" unter inakzeptablen Bedingungen unterzeichnet; auf dem Dokument hatte man in Peking eilig das Siegel des Dalai Lama nachgeahmt. Dieser Vertrag lieferte unser Land und unser Volk an China aus. Tibet hörte auf, als Nation zu existieren. Lassen Sie mich daraus einige Passagen zitieren: „Das tibetische Volk wird sich vereinen, um die aggressiven Mächte des Imperialismus zu vertreiben ..." Es hatte seit 1912 keine ausländische Präsenz mehr auf unserem Boden gegeben, dem Datum unserer Unabhängigkeit und dem Zeitpunkt, an dem wir die chinesischen Mächte von unserem Land vertrieben hatten ... Oder: „Die Regierung in Tibet wird aktiv den Eintritt der Volksarmee der Befreiung in Tibet fördern,

die zum Ziel hat, die nationale Verteidigung zu ver-
stärken ..." (Artikel 2). Artikel 8 bestimmt genau, daß
„die tibetischen Truppen inmitten der ‚Volksarmee
der Befreiung' neu organisiert werden und ein Teil
der nationalen Verteidigungskräfte der Volksrepublik
China werden ..." Natürlich haben es die Chinesen
nicht versäumt, einige Versprechungen zu machen,
vor allem die, daß sie den Status, die Funktionen
und die Macht des Dalai Lama nicht antasten wollen,
daß sie die religiöse Freiheit achten und niemanden
zwingen wollen, die von den Behörden der Besat-
zungsmächte eingeführten Reformen zu akzeptieren
usw. Heute wissen wir, was unserem Volk zugestoßen
ist, und wir kennen das ganze Leid, das es erdulden
mußte.

G. v. G.: Im März 1959 bieten sich Ihnen zwei Lösun-
gen: die erste ist, in Tibet zu bleiben und – wenn sich
das Gerücht bis nach Lhasa verbreitet hat – zu riskie-
ren, daß Sie von den chinesischen Behörden mitge-
nommen werden, um auf Nimmerwiedersehen zu
verschwinden; die zweite ist, das Exil anzunehmen.
Sie haben den zweiten Weg gewählt, zu dem Sie vom
Orakel von Nechung ermutigt worden sind, das Sie
regelmäßig befragten, wenn es darum ging, eine wichtige Entscheidung zu treffen. Können Sie uns Ihre Abreise schildern?
D. L.: Ich kann mich daran erinnern, daß ich mich, als
es dunkel wurde, in den Tempel, der Mahakala, meiner Schutzgottheit, geweiht ist, begeben habe, wie es
vor einer großen Reise der Brauch ist. Ich sehe mich
noch, wie ich die schwere Tür aufdrückte, die in ihren
Angeln knarrte ... Ich blieb lange auf der Schwelle

stehen, um mich von der Atmosphäre einfangen zu lassen. Butterlampen, zu Dutzenden aufgereiht in goldenen und silbernen Schalen, erleuchteten den Raum. Vor dem Altar stand ein Opferteller mit *tsampa*. Als Symbol des Abschieds legte ich dort einen Schal (*khata*) nieder. Mönche psalmodierten am Fuß der Statue des Beschützers Gebete. Ein Mönch nahm Zimbeln in die Hand, ein anderer spielte Trompete. Ein klagender Laut erklang, als die Zimbeln aneinanderstießen ... Ich blieb lange, um zu beten und die *sutras* von Buddha zu lesen ... Ich verweilte bei jenem, der von der Notwendigkeit spricht, Vertrauen zu haben und Mut zu sammeln. Später, gegen 22 Uhr, verließ ich Lhasa, mit einer Uniform bekleidet ... Zu diesem Zeitpunkt wußte ich noch nicht, was aus meinem Volk, Lhasa und der Potala werden würde. Als sie von meiner Abreise erfuhren, verkündeten die Chinesen, daß ich in Gefangenschaft wäre. Am 17. März 1959 schossen sie in die Menge und bombardierten den Palast ... Am 30. März erreichte ich mit meinen Begleitern die Grenze von Assam. Die ganze Welt erfuhr nun, daß ich in Indien im Exil war.

G. v. G.: Nahezu 1 200 000 Tibeter sind Opfer von Folterungen und willkürlichen Gefängnisstrafen geworden, oder sie sind auf unerklärliche Weise verschwunden! Den zahlreichen Zeugenberichten nach scheint es, als ob die Chinesen den Buddhismus in Tibet auslöschen wollten, aber auch, daß sie nach der Invasion im Oktober 1950 einen wirklichen Völkermord angerichtet haben. Was sind nach Ihrer Auffassung die Gründe für solche Verbrechen?
D. L.: Die Zahl von über einer Million Opfern ist

wirklich erschreckend. Unglücklicherweise ist sie nur ein Notbehelf: Man kann die ganzen Greueltaten, die an meinem Volk verübt wurden, nicht aufzählen. Wir dürfen niemals vergessen, daß die Tibeter ermordet worden sind. Sie wurden erschossen, aufgehängt, erwürgt, ertränkt, verbrüht, bei lebendigem Leib begraben, enthauptet, wenn sie nicht vor Hunger gestorben sind, verstümmelt und lebendig verbrannt. Ihre Nachbarn mußten bei diesen Morden helfen. Ganze Familien wurden für immer ausgelöscht. Man hat Kinder gezwungen, ihre Eltern zu schlagen. Mönche und Lamas wurden gedemütigt – aus dem einzigen Grund, weil sie in den Augen der Chinesen unproduktiv waren. Nachdem die Chinesen sie an Karren gespannt hatten, führten sie sie wie Tiere vor, schlugen und töteten sie.

Gibt es für diese ganzen Verbrechen Gründe? Ich für meinen Teil sehe darin die Wirkung der chinesischen Expansionspolitik; den zielgerichteten Willen, Tibet zu zerstören, ein Volk auszulöschen, die Hand auf reiche Bodenschätze zu legen; und schließlich den Haß, der all diese Verbrechen erzeugt ...

G. v. G.: Von Thailand bis zur sibirischen Grenze, in ganzen Regionen lebt beinahe ein Viertel der Menschheit noch heute unter kommunistischem Einfluß. Die Mehrheit dieser Bevölkerung ist buddhistisch und hat sich ihren herkömmlichen Glauben nicht nehmen lassen. Am 29. Oktober 1981 schrieben Sie im „Wall Street Journal", daß es vernünftig wäre, einen Dialog zwischen dem Kommunismus und dem Buddhismus einzuleiten. Seitdem sind 14 Jahre vergangen, stehen Sie heute noch zu Ihrer Erklärung?

D. L.: Tatsächlich sind 14 Jahre vergangen, seitdem dieser Artikel im „Wall Street Journal" erschienen ist, und mein Standpunkt hat sich nicht geändert. Um die in meinem Artikel benutzten Formulierungen wiederaufzunehmen, würde ich sagen, daß der ursprüngliche Marxismus und der mahayanistische Buddhismus sehr wohl gemeinsame Punkte haben und daß diese Punkte fundamental sind. Insofern wäre es logisch, daß alle, die dem Kommunismus oder dem Buddhismus angehören, Respekt füreinander entwickeln. Hier wie dort wird der Akzent an allererster Stelle auf das Gemeinwohl der Gesellschaft gesetzt. Weiterhin ist der Buddhismus keine Religion, sondern eine Wissenschaft des Geistes. Dies bedarf einer Erklärung: Der Buddhismus ist nicht theistisch, es gibt keinen schöpferischen Gott; im Gegenzug bezieht er sich laufend auf die Idee der Schöpfung in sich, was bedeutet, daß die Handlungen jedes Menschen Grund und Ursprung dessen sind, was er ist.

Der Buddhismus behauptet auch, daß alles vom *karma* abhängt. Jede gegenwärtige Lebenssituation ist mit Handlungen und ihrem Ursprung aus früheren Leben verbunden. Man kann also seine Zukunft gestalten, indem man aufgrund ehrlicher Motivation eine gute Handlung begeht.

In Analogie dazu sagt der Kommunismus oder Marxismus, daß alles von der Arbeit abhängt. Ihre ökonomische Theorie verknüpft sich mit ethischen Prinzipien, und zwar so, daß ihr erstes Ziel die Nutzbarmachung der Ressourcen und des Reichtums ist und nicht ihre bloße Anhäufung. Der Akzent wird dabei auf die vernünftige Benutzung des Geldes zum Wohl der Mehrzahl der Bedürftigen gelegt und nicht darauf, daß es einige wenige horten. In gleicher Weise achtet man im Buddhismus sehr auf die Bedürfnisse der anderen, so daß man sogar das Wohl der Minderheit dem Wohl der Mehrheit opfert.

Ursprünglich wandte sich der Kommunismus gegen die Ausbeutung und die Korruption; er war nicht notwendigerweise gegen die Religion. Gewisse religiöse Einrichtungen, die in Korruptionen verwickelt waren, mußten bekämpft werden. Es ist übrigens genauso mit dem Marxismus. Auch wenn er gewisse Aspekte hat, die positiv erscheinen können, kann ihre Umsetzung in die Praxis verfälscht erscheinen, und man muß sich dagegenstellen. In diesem Sinn muß man die Systeme und die Menschen auseinanderhalten.

Allgemein betrachtet, wehrt sich jede Religion gegen Ausbeutung und Ungerechtigkeit. Buddha selbst folgte einem revolutionären Weg, indem er die einzwängenden Klassenunterschiede überwand und ein geistiges System entwickelte, das Individuen jeder Herkunft zugänglich war.

Da die Grundidee des Marxismus nicht prinzipiell religionsfeindlich ist, gibt es keinen Grund dafür, daß ihn religiöse Menschen als etwas betrachten, das Spannungen und Mißtrauen hervorruft. Man muß vielmehr die Ähnlichkeit gewisser Ziele hervorheben. Parallel dazu betrachten einige Marxisten – die keine persönliche Erfahrung oder einfach keine Ahnung davon haben – die Religion zu Unrecht als ein gänzlich kontraproduktives Element. Ein glaubwürdiger Marxist muß dogmatische und bornierte Ansichten zurückweisen, um sich den Werten der geistigen Lehre zu öffnen ...

G. v. G.: Kommen wir, wenn Sie einverstanden sind, auf die furchtbare Situation zurück, die in Tibet herrscht. Den zahlreichen Greueltaten der Chinesen stehen Organisationen in aller Welt gegenüber, die heute die tibetische Sache unterstützen. Trotzdem gibt es immer noch Blutvergießen, Tränen und Unglück. Was muß man machen, damit das aufhört?

D. L.: Der beste Weg ist die Verhandlung mit China. In unserem Kampf haben wir alles versucht. Vergeblich! Deshalb appellieren wir momentan an die internationale Gemeinschaft, den Versuch zu starten, die chinesische Regierung an einen Verhandlungstisch zu bringen. Aber wir versuchen auch, bei parlamentarischen Gruppen in allen Nationen zu erreichen, daß sie Resolutionen für die tibetische Frage verabschieden.

Die Exilregierung

G. v. G.: Sie sind also 1959 nach Dharamsala gegangen, haben die tibetische Gemeinschaft um sich versammelt und eine Exilregierung gegründet. Sie verfolgten dabei verschiedene kurzfristige und mittelfristige Ziele, und Sie versuchten, für diese Gemeinschaft würdige Überlebensbedingungen zu schaffen, um auch die im Inneren ihrer Grenzen bedrohte tibetische Identität zu bewahren. Darüber hinaus entwarfen Sie die konstitutionellen Grundlagen einer zukünftigen nationalen Regierung. Beginnen wir, wenn Sie einverstanden sind, mit der gegenwärtigen Situation der Flüchtlinge. Zunächst: Was sind das für Leute, und wie setzt sich die Bevölkerung zusammen?

D. L.: Wenn ich mich ausschließlich auf jüngere Daten berufe, würde ich sagen, daß es seit 1989 etwa 6000 Personen gelungen ist, aus Tibet zu fliehen. 44 Prozent der Exilbevölkerung sind junge Tibeter. 17 Prozent sind weniger als 13 Jahre alt. Wenige von diesen Kindern haben eine Schulausbildung. Wenn auch am Anfang ihre Integration schwierig ist aufgrund ihrer schlechten Englisch-, Hindi- oder Nepalesischkenntnisse, der offiziellen Sprachen in indischen und nepalesischen Schulen, erreichen diese Kinder wegen ihrer großen Motivation sehr rasch ein angemessenes schulisches Niveau ... Übrigens sind in den letzten acht Jahren 45 Prozent der Flüchtlinge Mönche oder Nonnen gewesen, und dieser Bevölkerungsanteil wächst im Durchschnitt um sieben Prozent pro Jahr. Die Zahl der Nonnen hat sich seit 1980 vervierfacht. Dieser wachsende Zustrom von Ordensleuten führt in den 189 von der Exilgemeinschaft eröffneten Klöstern zu großen Schwierigkeiten.

Die erwachsenen Bürger, die in den Aufnahmelagern in Indien, Bhutan und Nepal ankommen, erhalten, wenn es notwendig ist, eine berufliche Ausbildung, bevor sie von den verschiedenen tibetischen Gemeinschaften aufgenommen werden. Die Aufnahme umfaßt die Unterbringung, die Verpflegung, die medizinische Versorgung und die Integration in bestehende Strukturen.

G. v. G.: Dieser Zustrom von Flüchtlingen, der die bestehende Gemeinschaft anwachsen läßt, muß Ihnen große Probleme bereiten, vor allem das der Arbeitslosigkeit?

D. L.: Tatsächlich ist unsere Exilgemeinschaft vor allem mit einer erheblichen Arbeitslosigkeit konfrontiert: 18,5 Prozent der Tibeter im arbeitsfähigen Alter (zwischen 16 und 50 Jahren) sind arbeitslos. Das bedeutet: Eine von fünf Personen hat keine Arbeit. In dieser Situation entscheiden sich einige von ihnen, ungefähr 30 Prozent, auszuwandern, um sich eine Beschäftigung außerhalb der Kolonien zu suchen. Dieser Zustand ist bereits sehr beunruhigend, und es kommen noch die jungen Menschen und die Neuankömmlinge dazu. Das Wirtschaftsprogramm sieht hier die Schaffung von 30 000 Arbeitsplätzen bis zum Jahr 2000 vor, bei denen der Akzent auf Technologie und moderne Wirtschaft gelegt wird. Wir werden zum Beispiel die Rolle der Gemeinschaftsunternehmen, die weniger leistungsstark sind als in der Vergangenheit, noch einmal überprüfen und mit den privaten Unternehmen eine Dezentralisierung in die Wege leiten müssen. Man darf nicht vergessen, daß diese Unternehmen heute 53 Prozent der Arbeitsplätze in der Exilgemeinschaft stellen. Das ist unzweifelhaft ein wichtiger Bereich.

G. v. G.: Planen Sie weitere Reformen?

D. L.: Die Regierung hat Darlehen für die Eröffnung einer Bäckerei und eines Unternehmens, das Reinigungsmittel herstellt, freigegeben. Beide Projekte waren bisher auf Versuchsbasis in Rabgyay-Lind in der Region von Hunsur, in Karnataka, angesiedelt ... Was noch weiter reicht: Das Tibetische Kinderdorf hat eine technische Schule eröffnet, die bis zu 300 Internatsschüler aufnehmen kann. Die Ausbildung bewegt sich im Zeitraum von sechs Monaten bis zu vier Jahren und ermöglicht es unseren jungen Menschen, moderne Berufe zu erlernen. Übrigens soll das Zentrum für Wissenschaften, Technologie und Umweltschutz modernisiert und in die Produktion von Orchideen und medizinischen Pflanzen aufgeteilt werden, aber auch in die Spitzentechnologien wie Informatik, Telekommunikation, Biotechnologie, pharmazeutische Forschung usw.

G. v. G.: Die Wirtschaftspolitik Ihrer Regierung bewegt sich heute in Richtung Export. Mit welchen Mitteln versuchen Sie, für das Ausland attraktiv zu werden?

D. L.: Um die Neugier des westlichen Marktes zu wecken, müssen wir zunächst dafür sorgen, daß die in Indien lebenden, tibetischen Handwerker ihre Waren in die Vereinigten Staaten, nach Frankreich und überallhin in die Welt exportieren können. Eine der ersten Aufgaben unserer Regierung ist es also, die Tibeter mit den Begriffen des Marketings vertraut zu machen. Die Leitung für die Entwicklung des tibetischen Handwerks („Tibetan Handicraft Development Board") und die betroffenen Bezirke haben kürzlich – von einem konkreten Produkt und einem anvisierten Land ausgehend – Berater darum gebeten, eine Produktlinie für den Export zu entwickeln. Im Anschluß an diese Aktion konnten vier Werkstätten eröffnet werden ... Dieses Beispiel muß sich jetzt wiederholen. Aber das läuft zunächst über die Perfektionierung der beruflichen Ausbildung und die Diversifikation handwerklicher Produkte, die geeignet sind, andere Länder neugierig zu machen.

G. v. G.: Die Ausbildung umfaßt einen sehr wichtigen Teil in Ihrem Modernisierungsprogramm. Im Laufe der letzten zehn Jahre ist die Zahl der Schüler, die sich in tibetischen Schulen in Indien, Nepal oder Bhutan eingeschrieben haben, um 58 Prozent angestiegen. Mit welchen Problemen sind Sie bei der Einschulung konfrontiert?

D. L.: Auch wenn neue Einrichtungen gegründet werden, ist die Regierung nicht immer dazu in der Lage, allen Flüchtlingskindern eine Schulausbildung anzubieten. Es bleiben immer noch ungefähr 2700 Kinder, die auf die Einschulung warten. Aus Platzmangel in den Schulen sind zahlreiche Familien dazu gezwungen, ihre Kinder in nicht-tibetischen Einrichtungen anzumelden. Dieses Problem wird durch den unaufhörlichen Zustrom von Flüchtlingen verschärft, die häufig deshalb aus Tibet geflohen sind, um ihren Kindern eine rein tibetische Erziehung, die in ihrem eigenen Land unmöglich ist, zukommen zu lassen … Von den 85 tibetischen Schulen sind 53 Prozent Grundschulen und 23 Prozent weiterführende Einrichtungen. Im allgemeinen sind die Klassenräume klein und überbelegt. Darüber hinaus nehmen die Lehrer in den Grundschulen häufig Elternaufgaben wahr, sei es, weil die Mehrzahl der Kinder Waisen sind, sei es, weil sie ihnen von der in Tibet gebliebenen Familie anvertraut wurden.

G. v. G.: Welche Prioritäten setzt die tibetische Exilverwaltung bei der Ausweitung des Schulprogramms?

D. L.: Wenn sich unsere ersten Anstrengungen im Prinzip auf die Infrastruktur konzentriert haben, verfolgen wir momentan die Verbesserung des Unterrichtsniveaus, vor allem in den wissenschaftlichen Fächern. Wir entwickeln den Tibetischunterricht als Lehrmittel weiter, und wir legen besonderes Gewicht auf die Ausbildung qualifizierter Arbeitskräfte, um unsere Zukunft in einem frei gewordenen Tibet vorzubereiten ... Die Charta der Zentralen Tibetischen Verwaltung betont, daß es für die Kinder der Flüchtlinge wesentlich ist, daß sie ohne Ausnahme eingeschult und als Tibeter erzogen werden, also ganz in ihrer Kultur und in ihrem nationalen Erbe verwurzelt sind. Um das zu erreichen, muß die tibetische Sprache verstärkt gesprochen werden. Unsere Kinder sollen verantwortlich, schöpferisch und unabhängig werden, damit sie für das kommende Jahrhundert gewappnet sind.

G. v. G.: Wie verbinden Sie die tibetischen Traditionen mit dem Unterricht, der notwendig ist, um dem Ende dieses Jahrhunderts die Stirn zu bieten?
D. L.: Der Ackerbau und das Nomadendasein sind die beiden Lebensweisen des tibetischen Volkes. Es ist notwendig, sie zu erhalten, aber es ist auch wichtig, einen Unterricht anzubieten, der auf die jungen Flüchtlinge dieser Gemeinschaft zugeschnitten ist. In Ladakh, wo es sehr viele Flüchtlinge gibt, hat das Tibetische Kinderdorf bereits sieben Schulen eröffnet, die von 2000 Schülern besucht werden. Die Eröffnung einer Landwirtschaftsschule ist ebenfalls geplant, und die Zentrale Tibetische Verwaltung hat ihnen eine Landparzelle von 100 Morgen zur Verfügung gestellt. Sie liegt in Changthang und ist bereits umzäunt und mit einem Kanal versehen worden. Dieses Projekt wird erst ungefähr 1999 seine volle Rentabilität erreichen.

G. v. G.: Die meisten der tibetischen Institutionen im Exil – wie die Mehrzahl der Erziehungsprojekte – hängen von Patenschaften und Schenkungen ab, die aus dem Ausland kommen. Das ist sicherlich Ausdruck für ein großes Band der Freundschaft und Solidarität. Aber wenn Tibet frei sein wird, Ihre Heiligkeit, was würden Sie machen, wenn diese Patenschaften aufhörten? Und falls sich diese Patenschaften fortsetzen würden, glauben Sie nicht, daß sie dazu beitragen würden, eine neue Situation der passiven Mithilfe zu schaffen?

D. L.: Wenn Sie sich auf die Vergangenheit beziehen, stimmt die Situation genau. Aber ich muß sagen, daß die Tibeter im Exil mittlerweile nicht mehr ausschließlich auf die Hilfen von außen zählen. In der Vergangenheit hatten sie keine andere Wahl, aber wir haben diese Suche nach Unterstützung niemals angekurbelt. Wir können die tibetischen Flüchtlinge mit anderen Flüchtlingen in Indien vergleichen, zum Beispiel aus Afghanistan oder aus Bangladesch, die nur von diesen internationalen Hilfen abhängen und nicht versuchen, sich durch Ausbildung oder ganz einfach durch Arbeit in die Gesellschaft zu integrieren.

Die Tibeter, besonders jene, die in den Flüchtlingskolonien leben, haben das Glück gehabt, aus Patenschaften einen Vorteil zu ziehen und sich gleichzeitig auf eine gewisse Autonomie vorzubereiten. Es stimmt, daß Familien weiterhin Studienstipendien für ihre Kinder beziehen, auch wenn einige von ihnen finanziell nicht mehr von diesen Hilfen abhängen. Von seiten der Kinder kann man jedenfalls sagen, daß es nicht wünschenswert ist, daß die finanzielle Unterstützung durch die Patenschaften fortgesetzt wird, wenn sie ihre Studien einmal abgeschlossen haben. Sie werden nun einen Beruf und eine Arbeit haben, die sie ernähren. Ich glaube auch, daß Patenschaften in der Zukunft nicht mehr nötig sein werden und daß es sie nicht mehr geben wird.

G. v. G.: Neben den wirtschaftlichen Fragen gibt es andere Bereiche, andere Notwendigkeiten, denen sich eine Gemeinschaft stellen muß, zum Beispiel dem Problem der medizinischen Versorgung. Welches sind in den kommenden Jahren die wichtigsten Projekte im Gesundheitsbereich?

D. L.: In einem ersten Schritt werden wir die ausgedehnte Impfkampagne für die Kinder der tibetischen Exilgemeinde und für die neuangekommenen Flüchtlinge weiterverfolgen. Übrigens wird das Wasser, durch das sich viele schwere Krankheiten verbreiten, von unseren Wissenschaftlern ständig kontrolliert. Das Ziel des Gesundheitsministeriums ist es, bis zum Jahr 2000 die Tuberkulosefälle und ebenfalls die Krankheiten, die sich über das Wasser übertragen, um 50 Prozent zu verringern.

Im Sozialbereich bieten die Zentrale Tibetische Verwaltung und das Gesundheitsministerium bereits eine soziale Rückendeckung für die ärmsten Flüchtlinge an, aber dieser Sektor wird sich noch weiterentwickeln, wenn die Rahmenbedingungen im Gesundheitsbereich – Planung, Entwicklung und Kontrolle des medizinischen Systems für die gesamte Gemeinschaft – verbessert sein werden. Auch wenn man die traditionelle tibetische Medizin beibehalten will, ist es heute wichtig, diese durch einen modernen Unterricht zu ergänzen. Man muß Seminare oder Konferenzen organisieren, so daß man den Wissensstand und die Kompetenzen der Ärzteteams einschätzen und verbessern kann, vor allem im Bereich der Zahnpflege und Augenheilkunde.

Man darf auch die viel zu zahlreichen Opfer der chinesischen Unterdrückungspolitik nicht vergessen, die unter posttraumatischen Störungen leiden und am häufigsten intensiver Pflege bedürfen. Da der Zustrom der Tibeter konstant bleibt, muß die Entwicklung dieses Sektors vorangetrieben werden, um auf alle therapeutischen Bedürfnisse eingehen zu können, die mit den traumatischen Erfahrungen dieser Flüchtlinge zu tun haben. Dazu gehört ebenfalls die Behandlung der Behinderten und Leprakranken in der tibetischen Exilgemeinde.

G. v. G.: Trotz all dieser Anstrengungen des Gesundheitsministeriums bleibt die Kindersterblichkeitsrate relativ hoch. Was sind nach Ihrer Meinung die Probleme, die eine echte Präventionspolitik in diesem Bereich abschwächen?

D. L.: Erste Feststellung: Viele Familien verkaufen ihre Waren außerhalb der Flüchtlingssiedlungen und verpassen so die Impfkampagnen. Aus diesem Grund, aber auch aus Informationsmangel wenden sich diejenigen Frauen, die schwanger sind, häufig nicht an die Pflegezentren und schicken auch ihre Kinder nicht, um sich impfen zu lassen.

Zweite Festellung: Den örtlichen Gesundheitszentren fehlen Impfstoffe. Trotzdem hat das Gesundheitsministerium in der Flüchtlingsbevölkerung während der letzten Jahre einen echten Fortschritt und einen Prozeß der Bewußtwerdung im Gesundheitsbereich festgestellt. Wir schätzen, daß heute zwischen 80 und 90 Prozent der tibetischen Kinder geimpft sind. Diese Zahl ist beachtenswert, wenn man sie mit den 40 Prozent vergleicht, die es vor drei Jahren waren.

G. v. G.: Ihre Heiligkeit, die Tibeter besitzen eine traditionelle Medizin, die sich stark von der westlichen unterscheidet, aber die nicht weniger wirksam ist, da sie – und das ist nur ein Beispiel – eine Hepatitis im Zeitraum von zwei Wochen heilen kann. Nun sprechen sie von Impfungen, von allopathischen Praktiken. Wie können diese beiden Annäherungen ergänzt werden, und was ist die Botschaft der traditionellen tibetischen Medizin an die heutige Welt?

D. L.: Wie Sie wissen, ist die tibetische Medizin sehr alt. Sie fügt sich vollkommen in unsere Kultur und in unsere Traditionen ein. Die Herangehensweise der tibetischen Medizin ist in ihrer Praxis ganzheitlich. Unsere Ärzte verschreiben ihren Patienten sanfte Behandlungen auf Pflanzen- und Mineralbasis, die ohne Nebenwirkungen sind. Gewisse Behandlungen sind sehr wirksam. Aber dieses Erbe der Vorfahren hindert unsere Ärzte nicht daran, neue Studien zu verfolgen und an Krankheiten wie Krebs und Aids zu arbeiten.

Dennoch würde ich gerne einige Erklärungen anfügen. Die tibetische Medizin ist vollkommen vom Buddhismus durchdrungen. Die Unwissenheit wird als die ursprüngliche und letzte Ursache jeder Krankheit und Geistesstörung aufgefaßt. Dieser ganzheitliche Interpretationsansatz findet sich in der Diagnostik und in der Behandlung der Patienten wieder.

Schon wenn eine Stimmung im Ungleichgewicht ist, zeigt sich die Krankheit. Dabei besitzt jedes Individuum eine vorherrschende Gefühlslage. Der Arzt wird versuchen, sie in einem Gespräch mit dem Patienten über sein Umfeld, seine Gewohnheiten und seine Ernährungsweise zu bestimmen ... Man kann sagen, daß der Arzt gegenüber den verschiedenen Aspekten des menschlichen Wesens sensibler ist als gegenüber seiner Pathologie. Außerdem entspringt die Aufgliederung des Körpers aus der Kosmologie und der buddhistischen Philosophie, die besagen, daß „die Existenz aller belebten und unbelebten Phänomene von den fünf kosmischen Energien abhängt: der Erde, dem Feuer, der Luft, dem Wasser und dem Raum. Diese fünf kosmischen Energien symbolisieren jeweils die verschiedenen Zustände der Materie: fest, feurig, gasförmig, flüssig und die Leere, in der sich die früheren Eigenschaften aufhalten."

Infolgedessen ist das Funktionieren des Körpers an fünf Aggregate gebunden (Aspekte der Form, der Empfindungen, der Gedanken, der geistigen Vorstellungen und des Bewußtseins), die sich biologisch in Form der drei Säfte des Körpers (du-wa) äußern: loong (der Wind), der Saft, der den Lebensfluß darstellt, tripa (die Galle), der Saft, der für die Lebensenergie steht, und beygen (das Phlegma), der Saft, der die Lebenskraft bedeutet. An diese drei Stimmungen sind drei störende „Leidenschaften" gebunden: die Unwissenheit, der Zorn und die Begierde bzw. die Anhänglichkeit.

Der Arzt macht sich aufgrund der Fragen, die er dem Patienten gestellt hat, ein erstes Bild von der vorherrschenden Gefühlslage und dann von der „Leidenschaft", der Ursache der Störung. Er wird anschlie-

ßend seine Augen, seine Zunge und seinen Urin
(Farbe, Geruch, Bestandteile, Blasen, Ablagerungen,
Eiweißstoffe und Veränderungen im Laufe des Abküh-
lens) untersuchen. Wenn er sehr erfahren ist, wird er
bei seinen Untersuchungen auf eine Fundgrube von
Informationen stoßen. Wenn die Störungen mit dem
loong zusammenhängen, wird er Spuren von Ablagerungen bemerken, die so fein wie Haare sind. Wenn es
am *tripa* liegt, wird der Urin ein wolkiges und flocki-
ges Aussehen haben, und wenn *beygen* dafür verantwortlich ist, wird der Arzt am Boden des Behälters
eine Ablagerung von Körnchen feststellen. Die Farbe
des Urins wird etwas darüber aussagen, ob der Patient
Probleme hat, die mit der Kälte (klare, durchsichtige
Farbe) oder mit der Wärme (rote Farbe) zusammenhängen ... Auch das Pulslesen ist eine Quelle unzäh-
liger Informationen. Der Arzt legt seinen Zeigefinger,
den Mittelfinger und Ringfinger auf die Pulsader des
Patienten, bei einer Frau zuerst am rechten Handge-
lenk, dann am linken, oder bei einem Mann zuerst am
linken und dann am rechten. Jeder Finger wird einen
anderen Druck ausüben, um die Störungen der Haut,
des Fleisches und der Knochen zu lesen. Bei Problemen, die vom *loong* herrühren, wird der Puls oberflächlich und leer sein. Der Puls ist leicht und sehr
schnell, wenn es am *tripa* liegt, und er ist tief und ge-
schwächt, wenn *beygen* daran schuld ist.

Die tibetischen Forscher haben mehr als 400 Krankheiten aufgelistet, aber das Fehlen einer Lebensethik
in der modernen Welt begünstigt das Erscheinen
neuer Krankheiten. Der Therapeut verfügt über eine
große Auswahl von Mitteln: in harmlosen Fällen die
Korrektur der Ernährungsform und der Lebensweise

und in schwereren Fällen die Nutzung der Techniken des Aderlasses, der Moxibustion (ostasiatische Heilmethode, die durch Einbrennen von Beifußwolle in bestimmte Hautstellen eine Erhöhung der allgemeinen Abwehrreaktion bewirkt; S. W.) und goldener Nadeln. Die Medikamente gibt es in Form von Pillen, Pudern und Salben. Zum Beispiel behandelt der Arzt das Fieber mit Kampfer, die Wunden mit Bambusmanna, die Gallenprobleme mit Wurzeln und Lotusblüten und die Tumore mit Kieferharz ... Die tibetische Medizin bleibt also in unserer Kultur sehr lebendig. Es braucht sieben oder acht Jahre, um einen Mediziner auszubilden, der nicht nur sein Wissen und seine Geschicklichkeit unter Beweis stellen muß, sondern auch sein Mitgefühl und seine Uneigennützigkeit gegenüber seinen Patienten. Dieser Unterricht wird heutzutage am Institut für Medizin und Astrologie in Dharamsala erteilt.

G. v. G.: Sie haben uns gerade ein Bild der tibetischen Medizin gezeichnet, das zeigt, daß der kosmische Bezug sehr wichtig ist, und sogar der Name Ihrer Schule: Institut der Medizin und Astrologie scheint dies zu bestätigen. Im Westen wird die Astrologie auf die Ebene von Aberglauben und Spielerei verwiesen. Welche Rolle spielt sie in der tibetischen Tradition?

D. L.: Unsere Astrologie ist aus dem Zusammentreffen von drei kulturellen Strömungen entstanden: dem uralten animistischen und magischen Hintergrund Tibets, der chinesischen Astrologie, die im 7. Jahrhundert eingeführt wurde, und der indischen Astrologie in ihrer buddhistischen Form, die man im Tantra von *Kalachakra* im 11. Jahrhundert gefunden hat.

Aus diesem Überfluß an Quellen haben die Lama-Astrologen eine harmonische Synthese zu bilden gewußt, die noch bis heute angewandt wird.

Der tibetische Astrologe (*tsipa*) ist in der Regel ein religiöser Mensch, ob Mönch oder Laie. In den Dörfern ist er eher ein Lama. Manchmal wird diese Funktion durch jene des Wahrsagers (*mopa*) ergänzt. Er berechnet in den Klöstern den Mondkalender und macht die jährlichen oder saisonalen Vorhersagen für das Klima und die Ernten. Er erstellt auch bei der Geburt das Horoskop des Neugeborenen. Wenn es notwendig ist, zeigt er die Rituale, die dazu geeignet sind, planetarische Einflüsse abzulenken, die dem Leben des Kindes schaden könnten. Und er untersucht bei Hochzeiten, ob die zukünftigen Eheleute zusammenpassen, und er skizziert ihr astrologisches Profil.

Der Astrologe spielt ebenfalls eine entscheidende Rolle im Augenblick des Todes. Er erstellt das Horoskop, indem er die Rituale festlegt, die die Beerdigungsfeier begleiten: Austritt des Körpers aus dem Haus und Gestaltung der Beerdigungsfeier, die an die Elemente Luft (am häufigsten), Feuer, Wasser und Erde (Begräbnis) gebunden ist. Die in Tibet selten vorkommende Einäscherung ist vor allem den Ordensleuten vorbehalten. Ausnahmsweise können Lamas in Salz einbalsamiert und wie Reliquien konserviert werden. Zur Zeit der Luftbegräbnisse wurde der Leichnam des Verstorbenen zerlegt, und verschiedene Teile des Körpers wurden den Geiern dargeboten. Beim Wasserbegräbnis wird der Körper in einem Fluß versenkt ... Der Astrologe definiert die Reinigungsrituale des Toten, um ihm eine bessere Wiedergeburt zu ermöglichen.

Man darf den Einfluß der Astrologie in der Medizin nicht zu geringschätzen. Natürlich muß der Arzt dazu in der Lage sein, das beste Mittel zu berechnen, um Medikamente auf Pflanzen- und Mineralbasis herzustellen, und er muß den richtigen Zeitpunkt kennen, um sie seinen Patienten zu verschreiben. Die Astrologie der jahreszeitlichen Elemente bleibt ein wichtiger Bestandteil zwischen dem Pulslesen und der Analyse des Urins.

Im tibetischen Kalender widmet der Astrologe dem günstigen oder ungünstigen Charakter des Tages, verglichen mit dem Geburtstag der betroffenen Person, sehr große Aufmerksamkeit. Daher kommt es, daß ich meinen persönlichen Astrologen konsultiere, bevor ich eine Veränderung einleite. Das ist bei jedem Tibeter genauso, was die Arbeit, die Rituale usw. betrifft. Tatsächlich sind die Energien an bestimmten Tagen für jedes Individuum gut oder schlecht, was auch immer seine astrologischen Besonderheiten sein mögen.

G. v. G.: Da wir gerade dabei sind, Elemente der tibetischen Tradition ins Gedächtnis zu rufen, können wir die kulturelle Frage anschneiden, auf die die Vertriebenen besonders empfindlich reagieren, da die Chinesen nicht aufgehört haben, die tibetische Kultur zu vernichten, indem sie Künstler, Gelehrte und Weise verschwinden lassen und das kulturelle Erbe Tibets zerstören. Was können Sie außerhalb Ihres Landes tun, zwangsläufig konfrontiert mit fremden Kulturen, um Ihre Identität zu bewahren?
D. L.: Die kulturelle Vernichtung Tibets durch die Chinesen hat zur Folge, daß das künstlerische Erbe

unseres Landes praktisch ganz verschwunden ist. Die existierenden Kunstwerke wurden entweder zerstört oder auf den Märkten von Hongkong oder Singapur verkauft; auf diese Weise hat sich die kommunistische Regierung bereichert. Die Künstler haben ihren Beruf nicht mehr ausüben können, und vor allem haben sie ihr Wissen nicht mehr an die anderen Generationen weitergeben können. Noch heute gibt es nur sehr wenige Künstler im Exil. Zugegeben, in den allerersten Jahren unserer Ankunft gab es andere Prioritäten. Folglich haben nur sehr wenige Einrichtungen diesen wenigen Künstlern die Mittel anbieten können, die sie benötigt hätten, um ihr Wissen weiterzuentwickeln. Heute ist es anders durch Einrichtungen wie das Zentrale Institut für tibetische Studien Norbulingka, das Tibetische Institut für bildende Künste, den Tibetischen Schriftstellerverband ...

Obwohl viele Flüchtlingskinder in die tibetischen Schulen gehen, um richtig Tibetisch lesen und schreiben zu lernen, gibt es nur wenige, die danach studieren. Die weltlichen Studenten kennen die traditionelle Literatur nur sehr wenig. Die Männer- und Frauenklöster erfüllen die Aufgabe kultureller Zentren und bewahren so die Möglichkeit für tibetische Studien. Aber wenn die Mönche religiöse Texte studieren, lernen sie nur einen winzigen Ausschnitt der Außenwelt kennen, weil ihnen ins Tibetische übersetzte Texte und Bücher fehlen.

Diese Fragmentierung und Zerstreuung des Wissens mitten im Herzen der tibetischen Exilgemeinde macht die Organisation und die Entwicklung der tibetischen Kultur und Literatur zu einer schwierigen Sache. Außerdem ist eine moralische und finanzielle

Unterstützung ohne viele Gespräche und ohne gedanklichen Austausch kaum möglich. Es ist heute also wichtig, unsere kulturellen und religiösen Werte über Austausch und Dialog zu fördern, zum Beispiel durch die Organisation von Seminaren oder die Veröffentlichung von Zeitschriften.

G. v. G.: Demnach sind die Klöster die letzten Bastionen Ihrer Kultur, was normal scheint, da der Buddhismus an der Quelle der tibetischen Kultur steht, ja seine Seele selbst darstellt. Seit Ihrer Ankunft 1959 sind 181 Männerklöster und acht Frauenklöster in Indien, Nepal und Bhutan gegründet worden, und mehr als 17 000 Mönche und Nonnen leben dort, von denen ein Drittel nach 1980 gekommen ist. Das bedeutet ein neues Problem für Ihre Regierung.

D. L.: Tatsächlich stehen die Männer- und Frauenklöster finanziell auf sehr schwachen Füßen. Die wachsende Zahl neu ankommender Flüchtlinge hat ein ständiges Bedürfnis nach auswärtiger finanzieller Unterstützung geschaffen. Um ihr mönchisches Leben und ihre Studien fortsetzen zu können, verschaffen sich Mönche und Nonnen Patenschaften. Das Ministerium für religiöse und kulturelle Angelegenheiten bewilligt jenen, die keine Patenschaft haben, die lächerliche Summe von 70 Rupien pro Monat (etwa 3,60 DM). Um eine gewisse Autonomie zu erreichen, mußten mehrere Klöster verschiedene Aktivitäten entfalten (Tofu, Erdnußbutter oder Marmelade herstellen usw).

Weil immer mehr Mönche und Nonnen ankommen, haben 35 religiöse Einrichtungen das Ministerium für Religion und Kultur darum gebeten, neue

Zentren zu gründen. Die Überbelegung hat die Gesundheits-, Ernährungs- und Wohnprobleme bei den Ordensleuten verschärft.

G. v. G.: Ihre Heiligkeit, Sie sind das Oberhaupt der buddhistischen Gemeinschaft in Tibet. Auf politischem, ökonomischem, medizinischem und kulturellem Gebiet haben wir feststellen können, wie wichtig der Buddhismus war, daß er die Einstellungen und Bräuche Ihres Volkes bestimmte. Tatsächlich beherrscht der Buddhismus nicht nur das spirituelle Leben, sondern auch den Alltag der Tibeter. Vielleicht wäre es gut, wenn Sie uns – bevor wir das Thema der politischen Zukunft von Tibet anschneiden – an Ihrer Vision des Buddhismus teilhaben lassen.

D. L.: Der Weg, den die Tibeter bei der täglichen Ausübung des Buddhismus gehen, ist im *Mahayana* („Großes Fahrzeug") verankert, den Lehren des Buddhas, die seit dem 1. Jahrhundert unserer Zeitrechnung eine große Entwicklung erfahren haben.

Im ursprünglichen Tibet und vor der Verbreitung des Buddhismus war die Bön-Religion am weitesten verbreitet. Sie stammt aus einer Region, die Shang-Shung (das westliche Tibet) genannt wird, und sie zeichnet sich durch tiefe Meditationen und sehr lange Studien aus.

G. v. G.: Der Buddhismus, der aus Indien kam, hat also die alte Religion der Tibeter ersetzt. Hat er durch die Übertragung in ein anderes Land eine bestimmte Färbung angenommen, die ihn als tibetischen Buddhismus auszeichnen würde?

D. L.: Man kann das nicht auf diese Weise sagen. Zwischen dem tibetischen und dem indischen Buddhismus gibt es Unterschiede. Man kann sagen, daß die Ankunft des Buddhismus in Tibet in zwei grundlegenden Etappen verlaufen ist: die erste mit dem König Lha Thothori Nyentsen, der unsere Religion als erster so weit über das Land verbreitete, daß berühmte Gelehrte aus Indien (*pandits*) nach Tibet kamen, um dort Texte zu übersetzen: Auslegungen der Sutras und Tantras. Die zweite Etappe spielte sich nach der Regierungszeit des Königs Lang Darma (9. Jahrhundert) ab, der sich nur wenig um die Religion gekümmert hatte. Indische und tibetische Weise und Gelehrte übersetzten die heiligen Texte, und die sehr berühmten *pandits* kamen, um sich ihnen anzuschließen.

Nach dieser zweiten Periode gab es keine größere Umwandlung mehr. Unsere Religion war festgelegt worden, und sie blieb so bis heute. Daher kommt die leichte Abweichung des tibetischen Buddhismus (der sehr dicht an seiner Quelle blieb) vom indischen Buddhismus, der für seinen Teil weitere Entwicklungen durchgemacht hat. Aus diesem Grund kann man den tibetischen Buddhismus als ursprünglich bezeichnen, auch wenn er sich in seiner Ausübung im Laufe der Jahrhunderte an manche örtliche Bedingungen angepaßt hat. Zum Beispiel führte das Klima dazu, daß die tibetischen Ordensleute eine andere Kleidung als die Inder tragen.

Genauso wie die Geographie Indiens die Entwicklung buddhistischer Universitäten begünstigt hat, deren Unterrichtsstil sich nur wenig voneinander unterschied, sind durch die gegensätzliche, gebirgige Landschaft in Tibet vier verschiedene Hauptschulen entstanden – Nyingmapa, Kagüypa, Sakyapa und Gelugpa –, die alle ihre Legitimität aus den Lehren des *Hinayana*, *Mahayana* und *Vajrayana* schöpften und diese Lehren bis heute bewahren. Die tibetischen Buddhisten richten sich nach den Regeln des Vinaya, gefolgt vor allem von den Hinayisten; sie nehmen Bezug auf die mahayanistischen und tantrischen Schulen für die esoterischeren Übungen.

G. v. G.: Wie lebt man den Buddhismus im Alltag?
D. L.: Im täglichen Leben sind wir durch alle möglichen Beschäftigungen in Anspruch genommen, und unsere Zeit verstreicht unerbittlich, ob nun unsere Taten gut oder schlecht sind. Unser Dasein verläuft wie ein stetig dahingleitender Fluß, ohne daß man zurückkommen kann; jeder Augenblick ist einzigartig. Der beste Weg, um intensiv zu leben ist, sich darüber bewußt zu werden. Dazu müssen wir auf uns selbst zurückkommen, unsere geistige Haltung überprüfen und die Mechanismen unseres Geistes verstehen. Und indem wir ihn besser kennenlernen, entdecken wir das Mittel, ihn zu läutern. Nach und nach kommen die Mechanismen, die uns zum Handeln antreiben, zum Vorschein, und wir können unser Verhalten ändern, es umformen und verbessern.

Man muß diese Lehren wie Werkzeuge benutzen, die die Umformung und Verbesserung des Seins ermöglichen. Mit ihnen gelingt es, den Geist in einem positiven Sinn zu formen; das ist ein wenig so, als ob man ihn in Teile zerlegt hätte, um ihn zu beobachten, aber auch, um seine verborgenen Mechanismen zu verstehen und bei Bedarf abzuändern. Dies geschieht mit dem Ziel, besser zu werden: ein Prozeß, den jeder Buddhist anstrebt.

Verschiedene Menschen anderer Glaubensrichtungen zeigen ein Interesse für unsere Religion und ihre Meditationstechniken, die die Liebe und das Mitgefühl fördern. Sind nicht bereits Elemente des Buddhismus in die Rituale ihrer eigenen Traditionen eingeflossen?

G. v. G.: Stimmt denn der Buddhismus mit anderen spirituellen Traditionen überein?

D. L.: Vom Standpunkt des Buddhismus her stimmen alle Traditionen und ihre Lehren darin überein, daß sie ein gleiches Ziel anstreben, nämlich das Leid der menschlichen Existenz zu lindern, indem der Daseinszyklus unterbrochen wird. In dieser Hinsicht sind alle spirituellen Traditionen beachtenswert, auch wenn sie verschiedene Methoden haben, das zu verwirklichen.

Die Fortbewegung zum *dharma* funktioniert über mehrere sich ergänzende „Reisen", die *yanas* („Fahrzeuge") genannt werden, davon bildet das *hinayana* („Kleines Fahrzeug") die Basis, das *mahayana* („Großes Fahrzeug") den Körper und das *vajrayana* den tantrischen Weg. Tatsächlich beruft sich letzteres mehr auf den Geist des *mahayana*, beide stützen sich auf das *hinayana*.

Das „Kleine Fahrzeug" (*hinayana*) bezieht sich vor allem auf die Disziplin. Seine Ausübung erfordert viel Aufmerksamkeit und Wachsamkeit in der Meditation. Es legt das Gewicht auf die individuelle Befreiung. Seine Vollendung eröffnet eine altruistische und universelle Dimension.

Der zweite Weg heißt „Großes Fahrzeug" (*mahayana*). Dabei handelt es sich für einen Buddhisten darum, zum *Boddhisattva* zu werden, das heißt: derjenige zu sein, der das Gelübde abgelegt hat, den Weg bis zur Erleuchtung zu gehen. Das „Große Fahrzeug" leitet dazu an, das Wissen und die Liebe in den sechs Idealen auszuüben: in der Freigebigkeit, der Disziplin, der Geduld, der Tatkraft, der Meditation und dem transzendenten Bewußtsein.

Der dritte Weg, jener der *tantras*, besteht aus der Vertiefung der Leere – die volle Entfaltung kann erst nach der Reise durch die Leere erreicht werden. Jede dieser Übungen setzt sich in der nächsten fort; dabei bildet der Weg der *tantras* den Gipfel der Lehren Buddhas und ist zugleich ihre Vollendung.

G. v. G.: Wie ist dieser spirituelle Brauch entstanden?
D. L.: Die Geschichtsschreibung erzählt, daß Siddhartha Gautama im 6. Jahrhundert vor Jesus Christus im Norden von Indien lebte. Sein Vater, Shuddhodana, regierte das Königreich von Shakya. Seine Mutter war die Königin Maya.

Mit 16 Jahren heiratet er die junge Prinzessin Yashodhara. Sie leben nun in einem luxuriösen Palast ohne jede Sorge. Eines Tages, als er heimlich mit einem Bediensteten ausgeht, begegnet er nacheinander einem Greis, einem unheilbar Kranken, einem Leichenzug und einem Asketen. Tiefbewegt vom menschlichen Leid, entscheidet Siddhartha, dessen Ursachen zu ergründen, um es zu überwinden. Mit 29 Jahren, genau nach der Geburt seines einzigen Sohnes, Rahula, verläßt er sein Königreich.

Als Asket irrt er sechs Jahre lang durch das Ganges-Tal und begegnet Lehrern aller Religionen, die er eine nach der anderen studiert und ausübt. Mit keiner findet er Frieden.

Eines Abends, als er in Vajrasana am Ufer des Flusses Nairanjana unter einem Baum – der seit diesem Tag als „Bodhi-Baum" oder „Baum des Erwachens" bekannt ist – meditiert, erlangt Siddhartha die Erleuchtung. Seit diesem Tag heißt er „Buddha", was „Der Erwachte" bedeutet. Er ist 35 Jahre alt.

Er unterweist nun die Gruppe von fünf Asketen, die ihn begleitet, in der Lehre der Erleuchtung. Dann unterweist er 45 Jahre lang alle – vom König bis zum Bettler – darin, dem richtigen Weg zu folgen.

G. v. G.: Können sie uns die Lehren von Buddha in einigen Worten zusammenfassen?

D. L.: Nach Buddha ist der Mensch das höchste Wesen. Der Mensch ist sein eigener Lehrmeister, und es gibt weder ein Wesen noch eine höhere Macht, die sein Schicksal lenkt.

Durch seine persönliche Anstrengung und mit Hilfe seiner Intelligenz hat der Mensch die Kraft, sich von allen Abhängigkeiten zu befreien. Die Befreiung eines jeden hängt von seinem eigenen Wahrheitsverständnis ab. Jeder ist also für sein Glück oder für sein Unglück selbst verantwortlich. Derjenige, der durch sich selbst die wahre Natur der Glieder, die die unendliche Kette von Ursachen und Wirkungen verknüpfen, zu entdecken weiß, durchbricht den Zirkel und erreicht die Befreiung.

Diese Lehre verdichtet sich in den „Vier Edlen Wahrheiten", die Buddha im Augenblick seiner Erleuchtung erkannt hat und den Kern seiner Botschaft enthalten.

In der „Ersten Edlen Wahrheit" lehrt Buddha, daß das ganze Leben voller Leiden ist (*dukkha*, tiefes Unbefriedigtsein, Frustration ...), das sich übrigens in der Form körperlichen und geistigen Leidens offenbaren kann. Aber, was viel tiefer geht: Der flüchtige Charakter des Augenblicks hindert das menschliche Wesen daran, zu einer dauerhaften Zufriedenheit und zu einem wirklichen Frieden zu kommen.

In seiner ersten Lehre sagt Buddha: „Hier ist das Wahre Leiden. Hier ist die Wahre Ursache. Hier ist der Wahre Stillstand und hier ist der Wahre Weg ..." Und er sagt weiter: „Lernt das Leiden kennen. Entsagt seinen Ursachen. Erreicht den Stillstand des Leidens. Folgt dem Wahren Weg."

Indem uns Buddha den eigentlichen Charakter der Ursachen und Wirkungen darlegte, offenbarte er seine spirituelle Botschaft. Auf dem Wortlaut dieser grundlegenden Wahrheiten ruht das ganze Gebäude des Buddhismus. Obwohl sie für eine öffentliche Hörerschaft bestimmt war, ist diese Botschaft wegen ihrer gleichzeitigen Tiefe und Einfachheit relativ dunkel geblieben. Man hat auf Nagarjuna warten müssen, einen Weisen aus dem 3. Jahrhundert unserer Zeitrechnung, um einige Aufklärung zu erlangen. Dieser hat uns die für die Öffentlichkeit bestimmte Bedeutung der Botschaft erklärt. Wenn Buddha vom wahren Leiden spricht, bezieht er sich – nach Nagarjunas Auffassung – auf *Samsara*, anders gesagt, auf den ganzen Daseinszyklus, von der Geburt bis zur Wiedergeburt. Der Ursprung des *Samsara* ist das *karma*, das heißt alle unsere Handlungen, ob gute oder schlechte, und die daraus resultierenden unvermeidlichen Folgen.

Dann hat er klargestellt, daß wir unfähig sind, die Dinge jenseits der Illusion zu sehen und zu verstehen.

Diese Unwissenheit bildet die Hauptquelle unseres Leidens und nährt das *karma*. Das ist der zweite Teil der Botschaft von Buddha.

Die „Zweite Edle Wahrheit" sagt uns, daß die Ursache des Leidens der unstillbare Durst nach Frieden und Vollkommenheit ist. Er weckt zum einen im Menschen ein leidenschaftliches Begehren nach sinnlichen Objekten, zum anderen entfesselt er Aggressivität gegenüber allem, was sich dieser Erfüllung in den Weg zu stellen scheint, und Gleichgültigkeit gegenüber allem, was nicht an dieses Ziel gebunden ist. Das ständige Spiel zwischen diesen drei Kräften: der Begierde, der Aggression und der Unwissenheit ist die Ursache selbst des *dukkha*. Diese unaufhörliche Begierde zwingt das seiende Wesen dazu, wiedergeboren zu werden.

Diese Begierde, Ursprung aller Illusionen des Lebens, ist gewiß ein wichtiger Faktor des Leidens, aber man ist der Auffassung, daß ihre Macht nicht dazu ausreicht, in die höheren Sphären des Geistes einzudringen, der wirklichen Natur des Seins. Aber die Begierde kann eigentümliche Störungen erzeugen, die das Individuum vom Ursprung seines Bewußtseins entfernen.

Wenn man sich von einem sehr starken Ego beherrschen läßt, führt das im Leben dazu, daß man unwissend bleibt. Viele hängen dieser Verhaltensweise an, indem sie die dunklen Neigungen als lebensnotwendige Eigenschaften betrachten: das Begehren und Festhalten, den Zorn, den Stolz, den Haß und die Feindseligkeit ...

Wenn wir also nicht bereit sind, heute die Folgen von Handlungen aus vorausgegangenen Leben zu bereinigen, bilden diese aus allen Teilen ein negatives *karma*, das die Menschen in ihrem gegenwärtigen Leben oder sogar in ihren zukünftigen Leben werden bereinigen müssen, weil sie die Grundlage für neue Daseinszyklen und folglich das Leiden bilden. Den Prozeß umzukehren, indem man täglich und in jedem Augenblick nach den vorbildlichsten Werten des Buddhismus lebt, ist ein sehr gutes Pfand für die Befreiung und das Aufsteigen in Bereiche, wo Frieden und Harmonie allgegenwärtig sind. In der buddhistischen Tradition heißt dieser Zustand *nirvana*.

Um dort hinzukommen, wird vorausgesetzt, daß man alle Gründe beseitigt hat, die eine Wiedergeburt rechtfertigen. Aber auch wenn die Wiedergeburt an sich Leiden bedeutet, bietet sie uns eine zusätzliche Chance, uns zu vervollkommnen, das heißt, uns dem *nirvana* zu nähern. In diesem letzten Zustand ist das Sein von seinem materiellen Körper befreit, was aber nicht bedeuten soll, daß es nicht mehr existiert. Im Gegenteil: Befreit von den Zwängen der Materie, verfügt es weiterhin über ein Bewußtsein, gleich einem spirituellen Körper, der von der Unwissenheit erlöst ist. Auf dieser Realisationsstufe gibt es kein Leiden mehr, und diese Vollendung könnte als letzte Stufe betrachtet werden.

Die „Vierte Edle Wahrheit" ist der Weg, der zum Ende des *dukkha* führt: *magga*. Es existiert eine Methode, ein Mittelweg, auf dem man zum *nirvana* gelangen kann, indem man nämlich die beiden Extreme vermeidet: einerseits das Glück ausschließlich in der Abhängigkeit von Sinnenfreuden oder andererseits in der Kasteiung durch die verschiedenen Formen der Askese zu verfolgen. Dieser Mittelweg wird der „Edle Achtfache Pfad" genannt, weil er aus acht Gliedern besteht, deren Entwicklung man gleichzeitig vorantreiben soll. Sie sind untereinander verbunden, und jedes hilft, die anderen zu verfeinern: vollkommenes Verstehen, vollkommenes Denken, vollkommenes Reden, vollkommenes Handeln, vollkommener Lebenserwerb, vollkommene Anstrengungen, vollkommene Achtsamkeit, vollkommene Konzentration.

Diese acht Zweige erlauben die Entwicklung und Perfektionierung der drei Hauptelemente der buddhistischen Schulung und Lehre: das ethische Verhalten (*shila*), die geistige Disziplin (*samadhi*) und die Weisheit (*prajna*).

G. v. G.: Sie fühlen sich dem Mitgefühl besonders verpflichtet. Wo kommt es in der buddhistischen Tradition vor?

D. L.: In seinen Lehren bestimmt Buddha genau, daß ein Wesen gleichzeitig Mitgefühl (eine Eigenschaft des Herzens) und Weisheit (eine Eigenschaft des Geistes) entwickeln muß, um die Vollendung des *nirvana* zu erreichen. Der Buddhismus verweist aber darauf, daß es ein noch höheres Stadium als das *nirvana* gibt: das *mahaparinirvana*. Dies ist die allerhöchste und unbeschreibliche Erleuchtung, die wir Buddha-Zustand nennen.

Richtlinien für die Regierungsform des künftigen Tibets

G. v. G.: Trotz aller Schwierigkeiten, mit denen Sie bei der Betreuung der Flüchtlinge täglich konfrontiert sind, und trotz des Versuchs Chinas, des letzten kom munistischen Bollwerks, den Lauf der Geschichte aufzuhalten, verlieren Sie nicht die Hoffnung, Tibet wieder als freies Land zu betreten. Dafür haben Sie ein Bündel von Maßnahmen für die künftige Regierung geschnürt. Von 1960 an trieben Sie die Demokratisierung der tibetischen Institutionen voran, und Sie verkündeten 1961 die Verfassung für das künftige Tibet.

D. L.: Genau. 1961 habe ich die Verfassung für das künftige Tibet verkündet, die auf den Prinzipien der modernen Demokratie beruht. Im allgemeinen fand diese Verfassung eine überwältigende Zustimmung bei den Tibetern. Sie widersetzten sich jedoch mit allem Nachdruck der Klausel, die besagt, daß die Befugnisse dem Dalai Lama entzogen werden können, wenn die Umstände es erfordern. Wir mußten diese Bestimmung ändern.

G. v. G.: 1963 ergänzten Sie diesen ersten Entwurf durch einen stärker ausgearbeiteten Text mit dem Ziel, die tibetische Verwaltung im Exil zu demokratisieren.

D. L.: Richtig ... Die Versammlung der Abgeordneten des tibetischen Volkes wurde ermächtigt, das traditionelle, bipolare System der Ernennung von verantwortlichen Mönchen und Laien abzuschaffen. Die Versammlung annullierte ebenfalls alle Erbtitel und Vorrechte, die unter dem alten System kleinen Gruppen zugestanden worden waren. Statt dessen wurden neue Richtlinien eingeführt, nach denen Regierungsbeamte auf demokratische Weise ernannt werden sollten. Darüber hinaus sah der Verfassungsentwurf von 1963 einen Regentenrat vor, der unter besonderen Umständen die Aufgaben des Dalai Lama übernehmen sollte, wenn es sich um das höchste Interesse des Staates handelte. Wie ich bereits zuvor erwähnte, räumte die Verfassung – dem Wunsch des Volkes gemäß und den Umständen jener Zeit entsprechend – dem Dalai Lama die höchste Regierungsgewalt ein. Natürlich war ich mit jener Klausel nicht zufrieden. Ich hatte das Gefühl, daß diese Verfassung weit hinter meinen Bemühungen um eine echte Demokratie zurückblieb ... Aus diesem Grund erklärte ich am 10. März 1969 in meiner Rede zum Jahrestag des Aufstandes, daß an jenem Tag, an dem Tibet seine Unabhängigkeit wiedererlangen wird, das Volk selbst entscheiden muß, welche Regierungsform es haben will. Ich erklärte auch, daß es nicht sicher sei, ob das Regierungssystem mit dem Dalai Lama als Oberhaupt Fortbestand haben würde.

G. v. G.: Im Laufe der letzten drei Jahrzehnte hat sich die Welt tiefgreifend verändert. Daher wird sich auch Tibet ändern müssen, wenn es wieder unabhängig wird. Glauben Sie, daß die demokratischen Rechte an Wert gewonnen haben?

D. L.: Die Völker haben endlich erkannt, daß Demokratie das Fundament für den freien Ausdruck der menschlichen Gedanken und Fähigkeiten bildet. Auch wenn es sich bei der Tibet-Frage um ein internationales Problem handelt, hat es die chinesische Führung versäumt, positiv auf meine Annäherungsinitiativen von 1987 und 1988 zu reagieren. Das ist bedauerlich, weil ich diese beiden Initiativen unternommen habe, um eine friedliche Lösung für das Tibet-Problem zu finden, und ich habe es aufrichtig gemeint. Denn in diesem Punkt handelt es sich nicht nur um die Überlebensfrage eines Volkes, seiner Geschichte und Kultur, sondern auch um das Schicksal dieser Welt und den Frieden in Asien, insbesondere um die Beziehungen zwischen den beiden volkreichsten Nationen der Welt, Indien und China.

Auf dem Spiel steht auch die schwierige Frage der Menschenrechte sowie das weltweite Bestreben, der Ära des Kolonialismus und Expansionismus ein Ende zu setzen. Das chinesische Volk selbst verhält sich dem derzeitigen chinesischen Regierungssystem gegenüber ablehnend und fordert Veränderungen ... Chinesische Dissidenten im Exil akzeptieren nun, daß Tibet und China zwei autonome Staaten sind. Sie haben erkannt, daß die Tibeter ein Recht auf Unabhängigkeit und Selbstbestimmung besitzen, weil sie für die Behauptung der Pekinger Führung, Tibet wäre ein Teil Chinas, keine Rechtfertigung gefunden haben.

G. v. G.: Die demokratischen und freiheitlichen Werte haben sich sogar in totalitär regierten Ländern durchgesetzt, besonders in Osteuropa. Diese Länder haben heute enorme Schwierigkeiten. Welche Konsequenzen ziehen sie daraus für Tibet?

D. L.: Die tibetische Regierung und die Tibeter im Exil, aber mehr noch die Tibeter in Tibet, kämpfen für ihre Unabhängigkeit. Mehr als 40 Jahre lang haben unsere Landsleute in Tibet – ganz und gar der grundlegenden Menschenrechte beraubt – unter einem tyrannischen Zwangsregime gelebt. Verständlicherweise empfinden 99 Prozent von ihnen – ob junge oder alte Menschen, Angestellte oder Funktionäre – einen tiefen Groll gegenüber der chinesischen Besatzungsmacht. Ungeachtet der enormen Risiken, haben sich viele junge Leute in Tibet dazu entschlossen, auf ihre persönlichen Interessen zu verzichten und gegen die chinesische Herrschaft zu demonstrieren. Dazu kommt, daß das Tibet-Problem auf ein immer größer werdendes Echo in der ganzen Welt stößt. Angesichts dieser Tatsachen wird die chinesische Führung ihre strenge Politik aufgeben und an den Verhandlungstisch kommen müssen, um eine friedliche Lösung der Tibet-Frage zu finden. Es wird nicht mehr lange dauern, bis sich die Chinesen gezwungen sehen, aus Tibet abzuziehen ...

G. v. G.: Wenn dieses glückliche Ereignis eintritt – werden die Tibeter in Tibet und die Tibeter im Exil eine echte Demokratie gründen?

D. L.: Auf jeden Fall. Und die Menschen in allen drei Provinzen Tibets, Ü-Tsang, Kham und Amdo, werden die Gedanken-, Rede- und Meinungsfreiheit genießen können. Meine große Hoffnung ist, daß Tibet dann eine Zone des Friedens wird, wo der Schutz der Umwelt offizielle Politik ist. Ebenso hoffe ich, daß die tibetische Demokratie ihre Inspiration aus den buddhistischen Prinzipien des Mitgefühls, der Gerechtigkeit und der Gleichheit herleiten wird. Abgesehen von der Tatsache, daß das künftige politische System Tibets ein parlamentarisches Mehrparteien-System haben wird, hoffe ich, daß es drei Staatsgewalten haben wird, nämlich Legislative, Exekutive und Judikative, mit einer klaren Gewaltenteilung untereinander.

G. v. G.: Sie haben immer gesagt: „Tibet gehört den Tibetern und insbesondere jenen, die in Tibet leben."

Wie wird es genau sein, wenn Tibet seine Unabhängigkeit wiedergewonnen hat?

D. L.: Die Tibeter in Tibet werden die Hauptverantwortung in der künftigen Regierung des Landes übernehmen. Darüber hinaus soll den tibetischen Funktionären, die gegenwärtig der Regierung des von den Chinesen besetzten Tibets dienen, noch mehr Verantwortung zugesprochen werden, da sie in den Staatsgeschäften über eine größere Erfahrung verfügen. Es ist wichtig, daß diese tibetischen Funktionäre keine Unsicherheiten und Zweifel hegen. Statt dessen sollten sie sich mit aller Entschlossenheit der Aufgabe widmen, die Verwaltung des künftigen Tibets zu verbessern, und sich neu mit der Sache der tibetischen Unabhängigkeit befassen. Gewisse Tibeter, die von den Chinesen angestachelt wurden, haben unnötige Dinge gesagt und getan. Sie haben dies entweder aus Angst oder aus Unwissenheit gemacht. Daher sehe ich keinen Grund, Vergeltung für ihre Taten zu verlangen. Worauf es wirklich ankommt ist, sich gemeinsam für eine glückliche Zukunft einzusetzen.

G. v. G.: Ihre Heiligkeit, Sie haben sich selbst dazu entschlossen, keine Rolle in der künftigen Regierung von Tibet zu spielen, geschweige denn die traditionelle politische Position des Dalai Lama in der Regierung zu besetzen. Warum haben Sie solche Entscheidungen getroffen?

D. L.: Verschiedene Überlegungen sind bei dieser Entscheidung zusammengekommen. Es steht außer Zweifel, daß die Tibeter in und außerhalb Tibets große Hoffnung in mich setzen. Auch ich bin entschlossen, alles für das Wohlergehen meines Volkes zu tun. Die Tatsache, daß ich dazu in der Lage bin, ist durch mein *karma* und meine Gebete aus früheren Leben verursacht. In Zukunft jedoch möchte ich kein offizielles Amt in der Regierung bekleiden. Ich werde höchstwahrscheinlich eine Art Persönlichkeit des öffentlichen Lebens sein, die man einlädt, um Rat zu holen oder um besonders bedeutsame und schwierige Probleme zu lösen, die von der bestehenden Regierung oder den politischen Mechanismen nicht bewältigt werden können. Ich kann meinem Volk als eine außerhalb der Regierung stehende Privatperson besser dienen ... Wenn Tibet außerdem als gleichberechtigtes Mitglied der modernen internationalen Gemeinschaft überlebensfähig sein will, sollte es die Meinung all seiner Bürger widerspiegeln und sich nicht auf eine einzelne Person stützen. Dies bedeutet, daß das Volk aktiv an der Gestaltung der sozialen und politischen Gesetze beteiligt werden muß. Ich bin also sowohl im kurzfristigen wie auch langfristigen Interesse des tibetischen Volkes zu dieser Entscheidung gekommen und nicht, weil ich das Interesse an meinen Verpflichtungen verloren hätte. Man muß sich in diesem Punkt keine Sorgen machen!

G. v. G.: Wenn Tibet seine Unabhängigkeit wiedererlangt hat und die chinesischen Streitkräfte aus Tibet abgezogen sind, wird es bis zur Annahme der Verfassung eine Übergangsperiode geben. Wie wird sie aussehen?

D. L.: Während dieser Periode wird die bestehende Verwaltung in Tibet mit allen Funktionären die Staatsgeschäfte wie Gesundheitswesen, Erziehung, Kultur, Verkehr und Kommunikation weiterführen.

Die tibetischen Funktionäre, die zur Zcit unter den Chinesen arbeiten, werden dann dazu bereit sein müssen, die volle Verantwortung zu übernehmen ... Die Interimsregierung wird von einem Präsidenten geleitet werden, der mit all den politischen Vollmachten ausgestattet sein soll, die ich derzeit innehabe. Gleichzeitig soll die tibetische Exilregierung aufgelöst werden. Obwohl niemandem aufgrund seiner Stellung in der Exilverwaltung Privilegien im freien Tibet eingeräumt werden, hoffe ich, daß die Verantwortlichen freiwillig jede Aufgabe übernehmen, die ihnen entsprechend ihrer Qualifikation, ihrer Erfahrung und Fähigkeit zugesprochen wird ... Die Hauptaufgabe der Übergangsregierung wird darin bestehen, eine verfassungsgebende Versammlung mit allen Repräsentanten Tibets zu bilden. Die verfassungsgebende Versammlung ihrerseits wird auf der Grundlage aller im Exil ausgearbeiteter Entwürfe die neue Verfassung Tibets vorbereiten; diese kann danach nur mit der Zustimmung des Interimspräsidenten angenommen werden. In Übereinstimmung mit der Verfassung wird der Interimspräsident dann eine Kommission einberufen, die die Wahl der neuen Regierung leitet.

Zukunftsperspektiven

G. v. G.: Neben diesen inneren Reformen haben Sie in groben Zügen die Rolle beschrieben, die Tibet in der Welt spielen soll, wenn es einmal von chinesischem Einfluß befreit ist. Der erste Punkt, dem sich die anderen anschließen, ist der Wille, Ihr Land in einen Ort der Stabilität und Harmonie umzuwandeln, konkret gesprochen: in eine Friedenszone, in die – nach reinster buddhistischer Tradition – alle Menschen kommen können, die sich um den Frieden in der Welt bemühen.

D. L.: Dies ist in der Tat mein aufrichtiger Wunsch. In einer Welt, in der alle immer mehr voneinander abhängig werden, kann ein dauerhafter Frieden nur dann gesichert werden, wenn wir auf nationalem, regionalem und weltweitem Niveau dem allgemeinen Interesse mehr Beachtung schenken als einzelnen Bedürfnissen. Es ist sehr wichtig, daß jeder von uns, vom Schwächsten bis zum Stärksten, hier seinen Beitrag leistet. Ich spreche als Oberhaupt des tibetischen Volkes, aber auch als buddhistischer Mönch, der den Grundlagen einer Religion verpflichtet ist, die sich auf Gerechtigkeit, Gleichheit und Mitgefühl gründet. Aber ich spreche auch als Mensch, dessen Schicksal es ist, diesen Planeten mit anderen Bewohnern der Erde zu teilen, die seine Brüder und Schwestern sind ...

In Asien – wie ja auch in anderen Teilen der Welt – herrschen enorme Spannungen. Die offenen Konfrontationen sind die Symptome unterschwelliger Rivalitäten zwischen den großen Mächten. Das tibetische Volk hofft, in diesem schwierigen Kontext einen Beitrag zum regionalen und weltweiten Frieden leisten zu können. Die strategische Situation von Tibet zwischen den drei großen Mächten Indien, China und der ehemaligen UdSSR hat dazu geführt, daß Tibet im Laufe seiner Geschichte zu einem unabhängigen Pufferstaat geworden ist, der im wesentlichen für die Stabilität in diesem Teil der Welt verantwortlich ist.

G. v. G.: Sie haben am 21. September 1987 vor dem amerikanischen Kongreß in Washington die Schaffung einer breit angelegten Friedenszone vorgeschlagen. Was bedeutet das für die Region?

D. L.: Es ist mein Wunsch, daß ganz Tibet, also einschließlich der Provinzen Ü-Tsang, Kham und Amdo, in eine Friedenszone umgewandelt wird, die an den Prinzipien von *Ahimsa* (Gewaltlosigkeit) festhält. Die Schaffung einer solchen Zone entspricht völlig der historischen Aufgabe Tibets als friedliebendes und neutrales buddhistisches Land, das als Pufferzone die großen Mächte Indien und China voneinander trennt. Unser Konzept geht in die gleiche Richtung wie der nepalesische Vorschlag, Nepal zur Friedenszone zu erklären – einem Vorschlag, dem China seine Unterstützung entzogen hat. Die durch Nepal ins Gespräch gebrachte Friedenszone wäre übrigens noch einflußreicher gewesen, wenn sie Tibet und die angrenzenden Regionen miteinbezogen hätte.

Eine solche Entscheidung würde zwangsläufig die Entmilitarisierung des gesamten tibetischen Plateaus bedeuten. Dies würde auch Indien in die Lage versetzen, seine Streitkräfte aus den an Tibet angrenzenden Himalaja-Regionen abzuziehen. Eine solche Aktion könnte unter dem Schutz eines internationalen Abkommens durchgeführt werden, das die legitimen Sicherheitsbedürfnisse Chinas berücksichtigt. Mit der Zeit würde dies zu vertrauensvollen Beziehungen zwischen den Tibetern, den Indern, den Chinesen und den anderen Völkern aus angrenzenden Regionen führen. Ich persönlich sehe einen zweifachen Nutzen in dieser Vorgehensweise: Einerseits würde sich die Sicherheit der betroffenen Länder erhöhen, andererseits würden sich für Indien und China die ökonomischen Lasten reduzieren, die eine dauernde, hohe Truppenkonzentration in diesen Grenzregionen des Himalajas mit sich bringt.

G. v. G.: Glauben Sie, daß ein neutrales Land ohne Armee und ohne daß jeder Bürger an militärischen Übungen teilnimmt – wie es ja in der Schweiz der Fall ist – auskommen kann?

D. L.: Ich lege sehr großen Wert auf das, was ich „Friedenszone" nenne. Aber sie kann nur wirkliche Bedeutung bekommen, wenn sie eine objektive Demilitarisierungspolitik beinhaltet, unabhängig von der vorher ausgehandelten politischen Lösung: Autonomie oder Unabhängigkeit. Tibet hat gegenwärtig eine hohe strategische Bedeutung. Stellen Sie sich einen kurzen Augenblick lang vor, daß die Situation zwischen Chinesen und Tibetern eskaliert und etwas ähnliches wie in Bosnien passiert. Ich kann Ihnen versichern, daß dies für die gesamte Region dramatische Folgen hätte. Ich denke an Nepal und an Bhutan. Aber ich wage mir nicht vorzustellen, was wäre, wenn China und Indien, die beiden meistbevölkerten Länder der Erde, in einen Konflikt gerieten. Der ganze Planet könnte in Flammen aufgehen ...

Man darf das Entmilitarisierungsprojekt des tibetischen Plateaus nicht nur von außen betrachten. Die Tibeter müssen dieser Entscheidung auch zustimmen. In diesem Zusammenhang komme ich auf die Erziehung zurück, die wir unseren Kindern angedeihen lassen. Es ist wichtig, daß unsere jungen Menschen diesen Gedanken von Anfang an in sich aufnehmen. Nur so können wir – wenn Tibet frei sein wird –

das Land gleichzeitig entwaffnen und entmilitarisieren. Nach dem Vorbild von Costa Rica wird es keine Armee haben; es wird einfach nur eine Polizei besitzen, die sich um Fragen der inneren Sicherheit kümmert.

G. v. G.: Glauben Sie, daß sich die Beziehungen zwischen China und Indien sowie zwischen China und Tibet irgendwann verbessern werden?

D. L.: Betrachten wir das Ganze im historischen Kontext. In der Vergangenheit waren die Beziehungen zwischen China und Indien niemals schweren Spannungen ausgesetzt. Aber durch die chinesische Besetzung Tibets im Jahr 1950 ist eine gemeinsame Grenze mit Indien geschaffen worden. Es sind Spannungen zwischen den beiden Mächten entstanden, die schließlich 1962 zum Krieg geführt haben. Seitdem gibt es immer wieder Zwischenfälle. Und ich glaube, daß die Lösung, wie man zwischen diesen beiden großen Nationen einen dauerhaften Frieden schaffen und die Beziehungen wieder normalisieren kann, ohne daß sie nun gleich freundschaftlich werden müssen, darin besteht, daß man sie durch eine breite Friedenszone, einen Pufferstaat Tibet voneinander trennt, wie es in der Vergangenheit der Fall war ... Die Sache ist schwieriger, was die chinesisch-tibetischen Beziehungen betrifft. Vor allem glaube ich, daß man zwischen den Chinesen und den Tibetern wieder Vertrauen schaffen muß. Das wird nicht leicht sein. Unser Volk hat während der letzten Jahrzehnte einen echten Holocaust erlebt, eine systematische und geplante Ausrottung, in deren Verlauf mehr als 1 200 000 Tibeter gestorben sind, was einem Sechstel der Bevölkerung entspricht. Viele sind in den Gefangenenlagern umgekommen, in die sie aufgrund ihrer religiösen Überzeugung oder ihrer Freiheitsliebe interniert wurden. Nur der totale Rückzug der chinesischen Streikräfte aus Tibet könnte den Versöhnungsprozeß einleiten. Meine Landsleute werden an jedem Tag und in jedem Augenblick durch die Präsenz der Besatzungstruppen an das Leiden und die Demütigungen erinnert, die sie während der letzten 40 Jahre erdulden mußten und unter denen sie heute noch leiden. Der definitive Rückzug der chinesischen Truppen wäre also das Signal, daß eine neue Epoche beginnt und daß freundschaftliche und vertrauensvolle Beziehungen zwischen den beiden Ländern geknüpft werden können.

G. v. G.: Aus dieser Perspektive heraus haben Sie einen Fünf-Punkte-Friedensplan entwickelt, dessen Wortlaut ich gerne zitieren würde: „1. Die Umwandlung Gesamttibets in eine Friedenszone (die wir eben besprochen haben); 2. das Ende der chinesischen Umsiedlungspolitik, die das Fortbestehen der Tibeter als Volk bedroht; 3. die Achtung der fundamentalen Menschenrechte und der demokratischen Freiheit des tibetischen Volkes; 4. die Wiederherstellung und der Schutz der Umwelt, sowie das Verbot der Herstellung und des Gebrauchs von nuklearen Waffen und der Lagerung von atomaren Abfällen auf tibetischem Gebiet; 5. der Beginn ernsthafter Verhandlungen über den zukünftigen Status Tibets und über die Beziehungen zwischen dem tibetischen und dem chinesischen Volk."

Bleiben wir für einen Moment bei Punkt Nr. 2, bei dem es um die Umsiedlungen geht.

D. L.: Ja, das ist sehr ernst zu nehmen. Es ist dringend notwendig, daß China einen Schlußstrich unter die Umsiedlungen in Tibet zieht. Noch heute verfolgt die Regierung in Peking das Ziel, die tibetische Bevölkerung zu einer unbedeutenden Minderheit in ihrem eigenen Land herabzusetzen und ihrer politischen Rechte zu berauben. Ich erinnere Sie daran, daß China durch die massiven Umsiedlungen von Bürgern in Tibet vorsätzlich die „Vierte Genfer Konvention" von 1949 verletzt und die Existenz der Tibeter als autonomes Volk bedroht.

Aber die chinesische Umsiedlungspolitik hat nicht erst mit der Invasion auf Tibet begonnen, sondern sie wurde bereits in anderen Regionen angewandt. Das Volk der Mandschus zum Beispiel besaß am Anfang dieses Jahrhunderts seine eigene Kultur und seine eigenen Traditionen. Heute gibt es nur noch zwei oder drei Millionen Mandschus in der Mandschurei, wo in der Zwischenzeit 75 Millionen Chinesen leben. Auch die Mongolei wurde von innen kolonisiert. Die Folge: Heute leben dort 8,5 Millionen Chinesen, aber nur noch 2,5 Millionen Mongolen. Im Osten von Turkestan sind sieben Millionen von der Gesamtbevölkerung (13 Millionen) Chinesen. Dieser Teil des östlichen Turkestan trägt heute den Namen Xinjiang.

Aber kommen wir auf Tibet zurück ... Ich bin in der Provinz Amdo geboren. Heute leben dort nur noch 750 000 Tibeter, aber 2,5 Millionen Chinesen. In Gesamttibet überschreitet die Bevölkerungszahl der Chinesen jetzt die 7,5 Millionengrenze, während die Anzahl der Tibeter kaum sechs Millionen beträgt. In der „Autonomen Region Tibet" – so bezeichnet die chinesische Regierung West- und Zentraltibet – räumen selbst die Chinesen ein, daß die Tibeter nur noch eine Minderheit der Bevölkerung darstellen. Hierbei sind die Besatzungstruppen übrigens noch nicht mitgerechnet. Sie werden auf 300000 bis 500000 Soldaten geschätzt, davon 250000 in der „Autonomen Region Tibet" ... Wenn das so weitergeht, werden die Tibeter in Tibet bald nur noch eine Touristenattraktion und das Relikt einer ehrwürdigen Vergangenheit sein.

G. v. G.: Sie fordern ebenfalls, daß die grundlegenden Menschenrechte und die demokratische Freiheit des tibetischen Volkes respektiert werden ...

D. L.: Die Menschenrechtsverletzungen in Tibet sind für die ganze Welt offenkundig. Die von den Chinesen verübte Diskriminierung ist einer „Apartheids"-Politik ähnlich, die die Regierung in Peking allerdings „Ausgrenzung und Assimilierung" nennt. Die Tibeter werden bestenfalls wie Bürger zweiter Klasse in ihrem eigenen Land angesehen. Sie sind all ihrer fundamentalen Rechte beraubt und werden von Anführern drangsaliert, die aus der kommunistischen Partei oder aus der Armee stammen. Gewiß, die chinesische Regierung gestattet den Tibetern, bestimmte tibetische Klöster wiederaufzubauen und dort zu beten, aber sie verbietet ihnen immer noch den Religionsunterricht und das vertiefende Studium der Religion. Nur einige Tibeter dürfen die Klöster betreten – wenn es ihnen die kommunistische Partei erlaubt ... Noch heute sind Tausende meiner Landsleute wegen ihrer politischen und religiösen Überzeugungen den schlimmsten Qualen in den Gefängnissen und Arbeitslagern ausgesetzt. Unsere Regierung wird die Einrichtung von regionalen Strukturen fördern, deren Aufgabe es ist, die Menschenrechte, sowohl der Männer als auch der Frauen, voranzutreiben und zu schützen.

G. v. G.: Sie legen großes Gewicht auf die Wiederherstellung der Umwelt. Über die reale Gefahr hinaus, die die Lagerung der nuklearen Abfälle auf ihrem Boden darstellt, haben Sie besondere Gründe, die mit Ihrer Tradition zusammenhängen, sich um diese Frage zu bemühen.

D. L.: Um die Wiederherstellung der Umwelt geht es im vierten Punkt des Friedensplans für Tibet. Aus ihrer Tradition heraus empfinden die Tibeter großen Respekt vor allen Lebensformen. Dieses angeborene Empfinden ist durch ihre buddhistische und gewaltfreie Überzeugung verstärkt worden. Ich darf daran erinnern, daß Tibet vor der chinesischen Invasion ein freier Ort war, wo die Menschen mit der Natur friedlich und harmonisch zusammenlebten. In den letzten Jahrzehnten wurde fast die gesamte Tierwelt ausgerottet, und die Wälder Tibets sind von den Chinesen nahezu ganz zerstört worden. Die Wirkung der Besatzung auf die empfindliche Umwelt des Landes war verheerend. Das Wenige, was noch da ist, muß geschützt werden, und man muß versuchen, das ökologische Gleichgewicht wiederherzustellen ... Übrigens benutzt China Tibet für die Herstellung von Atomwaffen und die Lagerung nuklearer Abfälle. Darüber hinaus plant die Pekinger Regierung, in unserem Land nicht nur die eigenen Abfälle, sondern auch noch die giftigen Abfälle aus anderen Ländern zu lagern. Die Gefahren, die aus dieser Situation erwachsen, sind offensichtlich. Durch diese Sorglosigkeit Chinas sehen sich nicht nur die heutigen Generationen einer großen Bedrohung ausgesetzt, sondern auch die künftigen Generationen.

Wenn Tibet frei sein wird, werden wir die Herstellung, das Testen und Lagern von nuklearen Waffen und anderen Rüstungsgütern auf unserem Gebiet verbieten. Wir werden das tibetische Plateau in eine „Sphäre des Lebens" oder in einen Naturpark umwandeln, der der größte der Welt sein wird. Es werden strenge Gesetze zum Schutz der wilden Tiere und der Pflanzenwelt geschaffen. Die Ausbeutung von natürlichen Ressourcen wird sorgsam geregelt, damit die Ökosysteme keinen Schaden erleiden.

G. v. G.: Tibet – im Zentrum des asiatischen Kontinents gelegen – besitzt mit einer Oberfläche von 2,47 Millionen Quadratkilometern und einer durchschnittlichen Höhe von 4000 Metern, mit den höchsten Bergen der Welt und dem höchsten und ausgedehntesten Plateau der Welt sowie mit seinen sehr alten Wäldern und tiefen Tälern eine einzigartige Tier- und Pflanzenwelt.

D. L.: Tatsächlich gibt es in Tibet sieben verschiedene Vegetationszonen, von tropischen Bergwäldern bis zu kalten und wüstenartigen Hochplateaus. Der durchschnittliche Niederschlag variiert von weniger als 100 Millimeter pro Jahr im Norden bis zu mehr als einem Meter im Südosten. Ich komme noch einmal auf die Tatsache zurück, daß der Buddhismus, der das Fundament des tibetischen Lebens bildet, am Anfang des natürlichen Zusammenlebens von Menschen mit jeder Form von Leben steht. Bis zur chinesischen Invasion im Jahr 1949 konnte Tibet stolz darauf sein, eine der an Ökosystemen und wilden Tieren reichsten Regionen zu sein.

G. v. G.: Außer der Bevölkerungsumsiedlung hat die chinesische Politik eine systematische Ausbeutung der natürlichen Ressourcen des Landes in die Wege geleitet, ohne sich um ihre Wiederherstellung zu kümmern; eine Ausbeutung, die den Boden völlig erschöpft und darüber hinaus das Überleben Ihres Landes in Frage stellt.

D. L.: Die Auswirkungen sind schon an der Stabilität unserer Umwelt spürbar. 1949 bedeckten die alten Wälder Tibets 221 800 Quadratkilometer. 1985 waren es nur noch 134 000 Quadratkilometer. Obwohl wir über keine genauen Zahlen verfügen, wissen wir, daß die neuen Straßen, die in abgelegenen Regionen gebaut werden, die Chinesen zur systematischen Abholzung verleiten. Mit dieser Methode wurden ganze Hügelketten in Kham und im Osten von Ü-Tsang kahlgeschlagen. 1985 betrug das Volumen des Holzeinschlags 2442 Millionen Kubikmeter – das sind 40 Prozent des Waldbestandes von 1949, was einem Wert von 54 Milliarden Dollar entspricht. Um die Bäume in der Region von Kongpo zu fällen, haben die chinesischen Behörden mehr als 20 000 Militärangehörige und tibetische Gefangene eingesetzt.

G. v. G.: Gewisse chinesische Berichte weisen auf den Qualitätsverlust des Weidelandes hin, das bisher 70 Millionen Tiere und nahezu eine Million Menschen ernährte. Die chinesischen Behörden behaupten, daß die Überpopulation der Tiere auf den Hochplateaus (4500 Höhenmeter im Durchschnitt) der einzige Grund für diese Zerstörung der Bodenoberfläche wäre. Sie haben deshalb Bewässerungsprogramme entwickelt, Zäune errichtet und neue Getreidesorten eingeführt. Was sind nach Ihrer Meinung die Gründe für diesen Verfall?

D. L.: Es gibt mehrere Gründe, aber ich denke, daß eine der Hauptursachen auf die veränderten Lebensgewohnheiten der tibetischen Nomaden zurückgeht, die sich gezwungen sehen, ihre traditionellen Wanderwege zu verkürzen. Dazu kommt die übermäßige Ausbeutung der tiefer gelegenen Weiden, um dem steigenden Bedürnis nach Fleisch in China gerecht zu werden; nicht zu vergessen die Präsenz der chinesischen Armee auf großen Landflächen ... Unsere Landwirtschaft, die von der empfindlichen Umwelt des Hochgebirges abhängig ist, hat immer auf einem Rotationsprinzip der Ernten beruht, auf dem Wechsel der angebauten Kulturen und dem periodischen Brachliegenlassen der Flächen. Vor 1949 war der Getreideertrag in Tibet außergewöhnlich hoch: im Durchschnitt 2000 Kilogramm pro Hektar in Ü-Tsang und, was noch bemerkenswerter ist, in den tiefer gelegenen Tälern von Amdo und Kham. Dies übertraf den Ertrag, der unter vergleichbaren klimatischen Bedingungen in Rußland erwirtschaftet wurde (1700 Kilogramm pro Hektar). Seit der Besatzung hat sich die Zahl der Bauernhöfe in gebirgigen Gegenden vervielfacht. Die Chinesen haben Weizenkulturen angelegt, die sie der Gerste vorziehen, sie haben neue Getreidesorten eingeführt und chemischen Dünger verwandt. Dieser Dünger hat die meisten Samen zerstört, den Boden und das Wasser vergiftet und die Haustiere getötet. Wir besitzen Informationen darüber, daß die Bauern als Versuchskaninchen benutzt wurden, um gefährliche und hochgiftige Substanzen zu testen.

G. v. G.: Ist die Situation nicht mehr rückgängig zu machen, oder sind Sie der Auffassung, daß man noch wirksam eingreifen und den Boden und die Wälder retten kann?

D. L.: Wir sind heutzutage verpflichtet, uns in die modernen Techniken einzuarbeiten, aber unsere Landwirtschaft muß vor allem zu traditionellen Methoden zurückkehren, um die Selbstversorgung des Landes sicherzustellen. Ich wünsche mir, daß unsere Bauern – soweit es ihnen möglich ist – den einheimischen Landwirtschaftsmethoden den Vorzug geben, die auf der Nutzung organischen und nicht chemischen Düngers beruhen. Die Regierung wird zunächst eine Bestandsaufnahme der landwirtschaftlich genutzten Flächen vornehmen und den Zustand der Äcker analysieren, um die besten Mittel herauszufinden, den tibetischen Bauern zu helfen. Man muß bei den Weideflächen auf die Zäune verzichten und auf die Methoden der Vergangenheit zurückgreifen, das heißt, daß die Weideplätze wieder Privateigentum von Einzelpersonen und von Gruppen werden. Die Regierung wird die Viehbestände regelmäßig schätzen. Die überschüssigen Produkte aus diesem Sektor – Wolle, Leder und Butter – werden mit Erzeugnissen aus anderen Ländern der Region getauscht ... Wir sind verpflichtet, im Forstsektor, der durch die permanente Ausbeutung stark beschädigt ist, die Abholzung einzustellen, bis sich der alte Bestand wieder erholt hat. Außerdem werden wir die alten tibetischen Wälder sowie ihre Flora und Fauna schützen und uns besonders um diejenigen Pflanzen kümmern, die in der traditionellen tibetischen Medizin Verwendung finden.

G. v. G.: Der Umfang der Ausbeutung der natürlichen Ressourcen Tibets durch China bleibt eine der wesentlichen Fragen. Erlauben Sie mir, daran zu erinnern, daß es in Tibet 126 verschiedene Bodenschätze gibt und daß das Land einen großen Teil der Weltreserven an Lithium, Chromit, Kupfer, Borax und Eisen besitzt. Die Ölfelder von Amdo liefern mehr als eine Million Tonnen Rohöl pro Jahr. Sie müssen das berücksichtigen.

D. L.: Im Augenblick befinden wir uns in einer Situation, in der die chinesischen Bedürfnisse zügellos sind und keinerlei Grenze kennen. Wir wissen, daß es nicht im Interesse der Regierung von Peking liegt, die kulturellen Hoffnungen eines Volkes zu verstehen, das sie beherrschen. Sie will auch nicht kulturelle und ökonomische Bedingungen schaffen, die seinen Wohlstand vermehren ... Studieren Sie eine Karte von Tibet, und Sie werden feststellen, daß das Straßennetz und die gesamten von den Chinesen gebauten Kommunikationswege genau mit dem einstigen Standort der Wälder und den Zonen, in denen sich Bodenschätze befinden, korrespondieren. Die Bodenschätze werden nach China befördert, dort verarbeitet und anschließend verkauft. Ich denke, daß man die Steigerung des Abbaus durch die Tatsache erklären kann, daß sieben der 15 wichtigsten Bodenschätze in China vor dem Jahr 2000 erschöpft sein dürften und die wichtigsten nichteisenhaltigen Bodenschätze beinahe aufgebraucht sind ... Diese Ausbeutung unterliegt keiner ernsthaften Kontrolle. Sie führt zur Zerstörung der Geländeoberfläche und zum Qualitätsverlust des Bodens, sie bedroht das natürliche Gleichgewicht dieser Regionen und stellt Risiken für die Gesundheit und das Leben der Tibeter dar.

G. v. G.: Sie geben es regelmäßig bekannt, wenn China in Tibet mit Atomwaffen experimentiert ...

D. L.: In Amdo, nicht weit entfernt vom Kokonor-See, gibt es ein wichtiges Areal, das die „Neunte Akademie" heißt. Sie hängt direkt vom „Neunten Büro" ab, in dem die Fäden des gesamten chinesischen Nuklearprogramms zusammenlaufen. An diesem Ort werden die meisten Untersuchungen und Tests durchgeführt, und die chinesischen Atombomben werden dort gezündet. Man muß wissen, daß das tibetische Plateau für China einen strategisch äußerst wichtigen Standort darstellt. Von daher ist es nicht erstaunlich, daß die Raketen an mehreren Plätzen stationiert wurden. Der massive Aufmarsch chinesischer Truppen nährt außerdem den Verdacht, daß dort ein Atomwaffenstützpunkt gebaut wird ... In anderen Teilen der Region weist die steigende Zahl von Krebserkrankungen und Sterbefällen darauf hin, daß China dort auch nukleare Abfälle lagert. Das ist für Tibet und die angrenzenden Länder beunruhigend. Denken sie daran, daß die größten Flüsse des asiatischen Kontinents ihre Quelle in Tibet haben: der Machu (Gelber Fluß), der Tsangpo (Brahmaputra), der Drichu (Jangtsekiang oder Blauer Fluß) und der Senge Khabab (Indus). Die Verseuchung dieser Flüsse kann zu unvorhersehbaren genetischen Folgen bei Menschen und Tieren führen. Bei uns gehen jeden Tag alarmierende Informationen zu diesem Thema ein. Die Hälfte der Menschheit lebt an diesen Flüssen.

G. v. G.: In Tibet befinden sich die Hauptwasservorräte Asiens. Die größten Flüsse haben dort ihren Ursprung. 90 Prozent der fließenden Gewässer überqueren die Grenze. Sind die für diesen Teil der Welt lebensnotwendigen Wasservorräte also bereits in Gefahr?

D. L.: Die chinesische Politik in Tibet hat beträchtliche Auswirkungen auf das Innere dieses Landes, aber sie läßt auch außerhalb unserer Grenzen Folgen verspüren. Das Zusammenwirken von abschüssigem Gelände, einer rissigen Oberfläche und saisonbedingten Niederschlägen führt zu einer starken Verschlammung der Flüsse Tibets. Die fünf Flüsse, die ich vorher erwähnt habe, zählen zu den verschlammtesten Flüssen der Welt. Die Folge: Es bildet sich Hochwasser in ihren abwärts gelegenen Becken. Dennoch leben 47 Prozent der Weltbevölkerung in diesen Flußregionen: vom Machu-Becken im Osten bis zum Senge Khabab im Westen ... Die Hochwasser des Brahmaputra, der einen Großteil seines Wassers aus Tibet erhält, waren die Ursache von mindestens 35 Prozent der Überschwemmungen in Indien zwischen 1987 und 1988. Der Prozentsatz dieser Überschwemmungen liegt in China bestimmt noch höher, da die beiden größten Flüsse ihren Ursprung in Tibet haben. Man muß sich auch in Erinnerung rufen, daß Tibet mehr als 2000 natürliche Seen mit einer Gesamtoberfläche von 35000 Quadratkilometern besitzt; einige davon sind heilig oder spielen in der tibetischen Kultur eine besondere Rolle.

G. v. G.: Glauben Sie, daß man bei der Rettung der Umwelt Tibets weltweit den Vorrang einräumen sollte, vor allem was das tibetische Plateau betrifft, das „Kernstück" der Gegend? Könnte man so noch retten, was von Fauna und Flora übriggeblieben ist?

D. L.: Es stimmt, daß Tibet eine bemerkenswerte Lebensvielfalt besaß. Trotz rauher klimatischer Bedingungen führte das Zusammenspiel verschiedener Faktoren in der Natur zur Entwicklung wichtiger Tier- und Pflanzenarten, von denen es einige nur in unserem begrenzten Lebensraum gab. Der Buddhismus hat versucht, dieses natürliche Milieu über Jahrhunderte hinweg aufrechtzuerhalten. Mehrere Arten, wie die Antilope, der wilde Jak und das Argali-Schaf, haben sich der Höhenlage des tibetischen Plateaus angepaßt. Andere Tiere, so der Riesenpanda, der Schneeleopard, der Takin und der Schwarzbär leben in Tibet, aber auch in den Nachbarregionen. Ende 1991 sollten die Schutzzonen 310 000 Quadratkilometer betragen, was ungefähr zwölf Prozent von Tibet entspricht. Heute beschränkt China den Zugang zu diesen Zonen, liefert nur wenige Informationen und erlaubt keinerlei Kontrolle durch internationale Instanzen. Trotzdem sickern regelmäßig Berichte durch, daß höhergestellte Bürger und chinesische Militärs Jagdpartien auf wilde Tiere veranstalten. Die offiziellen Medien berichten von für reiche ausländische Besucher organisierten „Safaris". Die Trophäen stammen dann vermutlich von jenen Tierarten, die ganz oben auf der Artenschutzliste stehen, wie die tibetische Antilope und das Argali-Schaf. Die Jagd auf eine tibetische Antilope kostet bis zu 35 000 Dollar, auf ein Argali 23 000 Dollar, auf einen Hirsch mit weißer Lefze 13 000 Dollar, auf ein blaues Schaf 7900 Dollar und auf einen roten Hirsch 500 Dollar.

Eine der ersten Initiativen der tibetischen Regierung wird es sein, die Schutzzonen in Tibet in verschiedene Kategorien einzuteilen und unberührte Biotope in den wenig bevölkerten Regionen zu erhalten. Dabei soll so weit wie möglich auf den Eingriff des Menschen verzichtet und die wilde Fauna und Flora geschützt werden. Tibet wird sich bemühen, indem es sich so weit wie möglich nach internationalen Normen richtet, auf der Basis von buddhistischen Verhaltensregeln, Traditionen und Kulturen, eine bestimmte Zahl von Naturschutzgebieten zu bestimmen, damit die Menschen mit der Natur harmonisch zusammenleben können.

G. v. G.: Zitieren Sie tatsächlich im Zusammenhang mit Tibet als heiligem Land aus der Bibel?

D. L.: Tatsächlich gibt es in der Bibel einen wunderbaren Vers, der davon erzählt, wie sich Schwerter in Pflugschare verwandeln. Das ist ein schönes Bild: Eine Waffe wird ein Werkzeug, das dem Menschen zur Nahrungsbeschaffung dient; das Symbol einer inneren und äußeren Abrüstung. In Tibet wurden wilde Tiere und Pflanzen durch die Vorschriften des Buddhismus geschützt. Im 13. Jahrhundert entstanden die ersten Gesetze zum Schutz der Umwelt, und so sind wir vielleicht eine der ersten Nationen gewesen, die gesetzliche Verordnungen für die Umwelt erlassen haben! Doch unsere Umwelt ist vor allem durch unseren Glauben geschützt worden, der jeden von uns seit seiner Kindheit geprägt hat ...

Ich scherze öfters und sage: Der Mond und die

Sterne sind wunderschön anzusehen, aber wenn einer unter uns versuchen würde, dort zu leben, wäre er sehr unglücklich. Unser Aufenthalt auf diesem blauen Planeten ist kostbar. Sein Leben ist unser Leben, und seine Zukunft ist unsere Zukunft. In Wahrheit ist die Erde unser aller Mutter. Wir sind auf sie angewiesen wie Kinder auf ihre Mutter. Gegenüber den universellen Problemen wie dem Treibhauseffekt und der Zerstörung der Ozonschicht sind einzelne Organisationen und Staaten machtlos. Wenn wir nicht alle zusammenarbeiten, werden wir keine Lösung finden. Das verhält sich genauso mit der Umwelt von Tibet.

G. v. G.: Sie haben sich eben auf eine buddhistische Tradition berufen: die traditionelle Achtung der Tibeter vor der Umwelt. Von den besonderen Bedingungen in Ihrem Land abgesehen, glauben Sie, daß der Respekt vor der Umwelt der Schlüssel für die Zukunft ist, eine der Bedingungen für den Weltfrieden, den Sie sich wünschen?

D. L.: Ich glaube tatsächlich, daß ausschließlich die universelle Verantwortung als Grundlage für die Schaffung des wirklichen Friedens in der Welt dienen kann. Ob uns das gefällt oder nicht, wir sind alle auf dieser Erde geboren, und so sind wir alle Mitglieder einer großen und einzigen Familie. Ob wir reich oder arm, wissend oder unwissend sind, ob wir dem einen Staat, der einen Religion, der einen oder anderen Ideologie angehören, schließlich ist jeder von uns nur ein Mensch wie jeder andere. Wir alle wollen nicht leiden, sondern glücklich sein. Darüber hinaus hat jeder von uns das Recht, nach diesem Glück zu streben und das Leiden zu vermeiden. Als Folge der Erkenntnis, daß alle Menschen gleich sind, entwickelt sich ein Gefühl der Gemeinschaft und der gegenseitigen Freundschaft. Und daraus entsteht wiederum ein Sinn für universelle Verantwortung, der Wunsch, den anderen wirklich zu helfen, ihre Probleme zu überwinden.

Sicher, diese Art von Mitgefühl ist von Natur aus friedlich und sanft, aber sie ist auch sehr stark. Sie ist das wahrhafte Zeichen einer inneren Kraft. Niemand muß religiös werden oder einer Ideologie anhängen. Alles, was wir zu tun haben ist, die guten menschlichen Eigenschaften zu entwickeln. Der Sinn für weltweite Verantwortung berührt alle Aspekte des modernen Lebens. Heutzutage führt jedes wichtige Ereignis in irgendeinem Teil der Welt zu Konsequenzen, die alle betreffen. Deshalb müssen wir jedes größere regionale Problem von Anfang an so behandeln, als wäre es ein Problem von universeller Tragweite. Wir können uns nicht mehr auf nationale, ethnische oder ideologische Barrieren berufen, die uns voneinander trennen, ohne daß dies zerstörende Auswirkungen hätte. Im Kontext unserer neuen gegenseitigen Abhängigkeit ist die Sorge um die Interessen der anderen das beste Mittel, um den politischen Fortbestand unseres Landes zu garantieren.

G. v. G.: Ist die gegenseitige Abhängigkeit ein grundlegendes Gesetz der Natur?
D. L.: Nicht nur die große Menge von Lebensformen, sondern auch die subtilsten körperlichen Phänomene werden von der gegenseitigen Abhängigkeit beherrscht. Alles auf diesem Planeten, den wir bewohnen, bis zu den Ozeanen, den Wolken, den Wäldern

und den Blumen, von denen wir umgeben sind, entwickelt sich nach einem tiefgründigen energetischen Plan. Ohne diese Wechselwirkung lösen sich die Dinge auf und sterben ... Wir müssen uns dieser natürlichen Tatsache bewußt werden, heute noch mehr als früher. Durch die Vernachlässigung dieser Tatsache sind Probleme entstanden, denen wir heute gegenüberstehen. Zum Beispiel hat die Ausbeutung der begrenzten Bodenschätze unserer Erde, besonders jene der Entwicklungsländer, entsetzliche Folgen; und das alles geschieht mit einem einzigen Ziel: die Konsumgesellschaft zufriedenzustellen. Wenn diese Ausbeutung ohne Kontrolle fortgesetzt wird, werden wir alle darunter leiden. Wir müssen also den kostbaren Urquell des Lebens respektieren und seine Genesung zulassen. Man sagt mir, daß das Umweltprogramm der Vereinten Nationen prognostiziert, daß wir Zeugen der größten Zerstörungswelle innerhalb von 65 Millionen Jahren werden. Das ist höchst alarmierend und sollte unser Bewußtsein auf den riesenhaften Umfang der augenblicklichen Krise lenken.

Auf dem Weg zur Befreiung Tibets

G. v. G.: Um zum Abschluß zu kommen, Ihre Heiligkeit, dieser Fünf-Punkte-Friedensplan ist aus einer einzigen Perspektive heraus entwickelt worden: der Befreiung Tibets. Niemand zweifelt daran, daß für Sie diese Befreiung unzweifelhaft kommen muß, aber haben Sie eine Vorstellung davon, wann es sein wird?
D. L.: Es fällt mir sehr schwer, ein genaues Datum vorherzusagen. Ich halte allerdings an der Hoffnung

fest, daß sich die wichtigen Veränderungen in unserem Land in nächster Zeit vollziehen. In den nächsten Monaten – sagen wir in etwa einem Jahr – werden wir den Dialog mit den chinesischen Behörden eröffnen können, für den ich mich schon seit langer Zeit einsetze, und wir werden die Zukunft Tibets gemeinsam erörtern.

Jeder weiß, daß sich die Dinge im politischen Bereich jetzt sehr schnell entwickeln können. Wir haben den Zerfall totalitärer Systeme miterlebt, und wir bemerken in der ganzen Welt ein wachsendes Bedürfnis nach Demokratie. Das ist in China genauso. Ich glaube übrigens, daß die Ideen der Demokratie die einzigen sind, die diktatorischem Gedankengut wirklich etwas entgegensetzen können, weil sie genau das sind, was die Diktaturen fürchten … Falls sich der Dialog zwischen Tibet und China an einem erneuten Hindernis festfahren würde, wäre der Augenblick gekommen, unsere Landsleute zu einem Volksentscheid aufzurufen. Gewiß handelt es sich aufgrund der Situation in Tibet um eine etwas komplizierte demokratische Handlung, aber ein solcher Volksentscheid ist möglich.

G. v. G.: Am 10. März dieses Jahres wird, wie in jedem Jahr, des nationalen tibetischen Aufstandes von 1959 gedacht. Sie werden diesen Tag bei Ihrem Volk verbringen und auch bei dieser Gelegenheit Ihre Aufforderung zum Dialog erneuern?

D. L.: Natürlich werde ich das tibetische Volk noch einmal auffordern, sich der Unterwerfung und der Kolonisierung mit Mut und Ausdauer zu widersetzen. Erlauben Sie mir heute, den tapferen Männern und

Frauen Tibets Achtung zu erweisen, die ihr Leben für die Freiheit unseres Landes geopfert haben. Gleichzeitig möchte ich jeden Tibeter aufrufen, sich immer wieder neu für diese Sache einzusetzen, damit wir wieder in Recht und Freiheit leben können.

Noch heute müssen wir die chinesische Regierung ermutigen, den Dialog aufzunehmen, um die Tibet-Frage friedlich zu lösen. Wir müssen unsere Anstrengungen noch erhöhen, damit die ganze Welt die Probleme von Tibet kennenlernt. Internationaler Druck könnte eine Veränderung in der Position der chinesischen Regierung hinsichtlich der Verhandlungen und der Einhaltung der Menschenrechte bewirken. Da die Wirtschaftspolitik in Tibet auch auf die kulturelle Identität des tibetischen Staates einen weitreichenden Einfluß hat, müssen wir diese Entwicklungen studieren und sorgfältig verfolgen. Und man sollte nicht vergessen, die Demokratisierung der tibetischen Exilverwaltung und die Ausübung der Demokratie bereits auf den untersten Stufen unaufhörlich zu stärken.

G. v. G.: Sie machen sich politisch auf den Weg in die Demokratie. Aber wo Sie herkommen, was Sie sind und was Sie erhalten möchten – das ist der Buddhismus. Gibt es eine Verbindung zwischen Buddhismus und Demokratie, die Ihre Hoffnung nährt, eine Regierungsform einzurichten, die beiden gerecht wird?

D. L.: Buddha gesteht jedem das Recht zu, auf seinem eigenen Weg zur Erleuchtung zu gelangen. Dabei handelt es sich um einen durch und durch demokratischen Akt. Beziehen wir uns auf die Idee des Buddhismus selbst. Weil wir wissen, daß sich die Natur von

Buddha in jedem von uns befindet, vom winzigsten Insekt bis zum gelehrtesten Menschen, und daß die gegenseitige Abhängigkeit in jedem von uns den Sinn für allgemeine Verantwortung miteinschließt, ist im Buddhismus jedes menschliche Wesen von gleichem Wert. Und Buddha zwingt niemandem etwas auf. Ich sehe also keine Schwierigkeit darin zu sagen, daß diese Idee des Buddhismus den Grundsätzen der Demokratie nahe ist.

ZWEITER TEIL

Für einen menschlichen Weg zum Frieden

Von Seiner Heiligkeit dem Dalai Lama

Die meisten Probleme, die innerhalb einer Gemeinschaft entstehen, werden dadurch hervorgerufen, daß ihre Mitglieder äußeren Phänomenen mehr Aufmerksamkeit schenken als dem, was in ihnen selbst geschieht.

Es ist heilsam, den eigenen Blick zunächst nach innen zu lenken, bevor man ihn nach außen wendet.

Das Leben des Menschen ist voller Hindernisse, Fallen und Schwierigkeiten. Vielleicht hilft es uns, wenn wir jetzt erst einmal die Ursachen unserer Irritation betrachten. Machen wir eine Bestandsaufnahme.

Der Mensch ist ein intelligentes Wesen, und eben dadurch stellt er sich selbst in Frage. Er hegt Zweifel, Hoffnungen und Ängste, was alles noch komplizierter macht. Da scheinbar gerade die Tatsache, daß wir denken, Probleme hervorbringt – wäre es da nicht besser, daß wir aufhören zu denken? Bestimmt nicht, denn genauso wie durch das Denken Probleme entstehen, werden sie auf demselben Weg auch wieder gelöst. Es scheint, daß ein Teil unseres Denkens Fragen hervorbringt, die ein anderer Teil wiederum beantwortet.

Der Mensch sucht, dem Beispiel anderer Lebewesen folgend, naturgemäß das Glück, den Frieden und die Behaglichkeit. Sieht man nicht, daß selbst die minderwertigsten Insekten versuchen, ihr Leben gegen drohende Gefahren zu verteidigen, daß sie alles tun, um Leiden und Schmerz zu vermeiden? Jedes Wesen wünscht sich das Glück und stößt das Leiden zurück. In diesem Sinn sind alle Wesen gleich. Über diese natürliche Neigung hinaus besitzt der Mensch intellektuelle Fähigkeiten, deren er sich bedient, um das Gute zu fördern und das Schlechte fernzuhalten, und genau das ist der Punkt, wo die kompliziertesten Probleme entstehen. Auf ihrer Suche nach Glück sind die Menschen verschiedene Wege gegangen, die sich in den meisten Fällen als grausam und verabscheuungswürdig herausgestellt haben. Sie haben nicht gezögert, anderen Lebewesen Leid zuzufügen, ja sogar ihresgleichen, um ihre egoistischen Wünsche zu befriedigen. Diese Haltung, dieser Einsatz des Geistes zu widernatürlichen Zielen zeugt von einem engstirnigen Bewußtsein. Es mündet schließlich nur in eigenes und fremdes Leiden. Um dieser Neigung zu entkommen, scheint es mir notwendig zu sein, in jedem Menschen die Nächstenliebe zu entwickeln, wer auch immer die Nächsten sind.

Es gibt einen zweiten Grund für die Disharmonie: Die Vielfalt der geistigen Traditionen. Doch auch hier verhält es sich wiederum so, daß die Probleme einerseits aus der Vielfalt entstehen, daß andererseits genau diese Mannigfaltigkeit sie zu lösen hilft. Man kann also nicht sagen, daß die Vielfalt der Religionen unerwünscht ist. Die Religionen tragen die Mittel, ihr entgegenzuwirken in sich selbst.

Eine anderere Ursache der Disharmonie: der Reichtum oder vielmehr die Ungleichheit seiner Verteilung, die Reiche und Arme schafft. Ich möchte mich nicht länger bei diesem Punkt aufhalten. Aber halten wir fest, daß es ein Irrtum wäre, anzunehmen, daß Reichtum und materielle Güter an sich schlecht sind; es wäre falsch zu sagen, daß man sie sich nicht wünschen darf.

Am Anfang unserer Schwierigkeiten steht die Faszination, die der materielle Aspekt der Dinge auf uns ausübt. Wenn wir dieser Faszination zum Opfer fallen, werden wir unser Glück an den Besitz dieser materiellen Güter knüpfen. So natürlich es ist, daß man diesen materiellen Zuwachs wünscht, so falsch ist es, darin einen Zweck oder gar ein Mittel zu sehen, unsere Probleme zu lösen. Vielmehr ist es unser Körper selbst, in dem wir materiellen Reichtum sehen können. Wenn wir krank sind, wenn wir leiden, ist unser Körper die Ursache dafür. Oder das „Ego". Auf der einen Seite entstehen durch es unzählige Probleme, auf der anderen Seite kommt von ihm die Vorstellung des „Ich", das durch den Willen, den Mut und die Kraft der Seele bestimmt wird. Daher kommt die Sicherheit, Probleme lösen zu können. Was gibt es über die Begierde zu sagen? Ist sie nicht eine der großen Ursachen für die Hindernisse in unserem Leben? Aber auch sie ist nicht generell schlecht. So ist zum Beispiel der Wunsch ganz legitim, sich von seinem Leiden zu befreien.

Dann wären da noch – um das Kapitel der Ursachen zu schließen – die Gefühle. Man sagt häufig, daß eine zu gefühlsbetonte Person nicht objektiv sein kann. Sicher, aber eine vollkommen emotionslose Person wäre gleichgültig. Auch hier wiederum muß man – wie immer – verschiedene Dinge auseinanderhalten.

Man sieht also, daß man nicht einseitig urteilen sollte. Ob sich Situationen zum Guten oder zum Schlechten hin entwickeln, hängt nicht davon ab, wie sie sind, sondern von der Wirkung oder der Verkettung voneinander abhängiger Ursachen.

Wie müssen wir nun aber vorgehen, um die Schwierigkeiten zu überwinden?

Wir haben im Laufe der Geschichte festgestellt, daß Gemeinschaften, wenn sie mit Krisen konfrontiert werden, häufig mit Macht und Gewalt reagieren. Aber auch wenn der Rückgriff auf solche Methoden auf kurze Sicht eine befriedigende Lösung darstellt, werden die Methoden auf lange Sicht scheitern.

Ebenso hat man im Laufe unseres Jahrhunderts große Hoffnungen auf den Fortschritt der Wissenschaft und der Technologie gesetzt, um globale Probleme zu lösen. Aber auch hier müssen wir offenbar erneut ein Scheitern konstatieren. Es ist deutlich geworden, daß die Probleme mit dieser Art von Fortschritt keine definitive Lösung erhalten.

Soll man also die Lösung in strukturellen Veränderungen der Gesellschaft, in der Reformierung der politischen Systeme sehen? Es gab die Französische Revolution. Die Demokratie wurde eingeführt. Darüber hinaus wurde die Gewaltenteilung in Exekutive und Legislative vollzogen, um die Funktion verschiedener Instanzen einer Nation besser zu regulieren, um sie in die Lage zu versetzen, möglichen Situationen mit mehr Gerechtigkeit und in einem besseren Gleichgewicht zu begegnen. Dennoch sind neue Probleme entstanden, zum Beispiel das der Korruption. So wird klar, daß ein System, eine Struktur oder eine politische Ordnung allein nicht dazu in der Lage ist, alle Schwierigkeiten zu lösen. So perfekt auch ein System sein mag, es bleibt doch dem Einfluß von Personen ausgesetzt, die sich seiner bedienen, die es zu ihrem eigenen Zweck nutzen können und die es dadurch pervertieren und von dem Ideal entfernen, das es anzustreben vorgibt.

Aus der Untersuchung dieser verschiedenen Möglichkeiten schließe ich, daß wir eine neue Form der Annäherung an Probleme, mit denen wir konfrontiert sind, suchen müssen, wenn wir anfangen wollen, sie anzupacken und zu lösen.

Heute hängen wir in einem solchen Maß voneinander ab, daß wir ohne den geschärften Sinn für weltweite Verantwortlichkeit und Brüderlichkeit, ohne gegenseitiges Verständnis und ohne die Überzeugung, daß wir alle einer großen menschlichen Familie angehören, nicht hoffen können, die Gefahren, die unsere Existenz bedrohen, zu überwinden, geschweige denn Glück und Frieden verbreiten zu können.

Heute kann eine Nation ihre Probleme nicht mehr allein regeln; das Interesse und die Haltung der anderen Nationen sowie die Verflechtung mit ihnen wiegt zu schwer. Die einzige Basis, auf der weltweiter Frieden garantiert werden kann, scheint eine zugleich universelle und humanitäre Annäherung an die Probleme der Welt zu sein.

Wie kann das verwirklicht werden?

Zunächst einmal, indem wir zutiefst menschliche Gefühle in allen unseren Handlungen zulassen. Dort gilt es, den wirklichen Fortschritt zu realisieren. Wenn Menschen hauptsächlich von Gier und Eifersucht beherrscht werden, ist es in der Tat unmöglich, in Harmonie zu leben. Wenn ich in diesem Zusammenhang von der Annäherung an das Humane spreche, verweise ich auf das Verhalten, die Motive und die Handlungen der Menschen. Die erste Frage, die sich aus dieser Perspektive stellt, ist die nach der menschlichen Natur. Ist sie grundsätzlich gut, oder ist sie schlecht? Sicher kann man auf eine solche Frage mehrere Antworten finden, aber nach meinem Gefühl und nach meiner Überzeugung ist die Natur des Menschen gut, der Mensch ist vor allem der Güte zugeneigt. Der Standpunkt des Arztes bekräftigt eine solche Gewißheit. Ist der natürliche Zustand des Menschen nicht ein Zustand des Friedens und der Zufriedenheit? Wenn jemand friedfertig ist, wird er ausgeglichen und gesund sein. Umgekehrt: Wenn ein Mensch Probleme hat, wird sich seine Gesundheit verschlechtern. Wenn wir unsere Schwierigkeiten mit klarem Kopf und friedfertig angehen, haben wir bessere Chancen, sie zu lösen, als wenn uns Haß, Egoismus, Neid und Wut leiten. Letztere verdunkeln unser Urteil. Sie machen uns blind, und in den furchtbaren Momenten, wo sie uns beherrschen, kann alles passieren. Sagt man nicht auch, daß das Kind in seiner Entwicklung begünstigt wird, wenn die Schwangere heiter, ruhig und entspannt ist, während das Ungeborene darunter leidet, wenn sie Probleme hat?

Auf der anderen Seite ist der Mensch ein soziales Wesen, das gerne mit anderen zusammenkommt, das gerne in Gemeinschaft lebt. Er ist nicht das einzige – wenn wir zum Beispiel an die Bienen denken. Bei ihnen gibt es eine Königin, die über die soziale Ordnung wacht; und es gibt eine natürliche Gemeinschaft, in der jede der Bienen eine Aufgabe zu erfüllen hat.

Der Mensch ist also ein soziales Wesen, dessen Natur im Grunde gut ist. Dieser Zustand und diese Voraussetzungen müßten sich im Leben in der Gemeinschaft spiegeln. Aber so ist es nicht. Der Mensch entfernt sich von dieser natürlichen, grundlegenden Güte, weil er sich seiner Intelligenz schlecht bedient. Von daher kann man sich fragen, warum man in unseren modernen Gesellschaften den Akzent auf diese unheilvollen Seiten der menschlichen Gemeinschaft legt. Wenn eine Katastrophe passiert oder wenn das Schlechte ihrer Verrücktheit freien Lauf läßt, wird dem sofort Bedeutung beigemessen. Die Medien tragen eine gewisse Verantwortung in dieser Situation, von ihnen wird die Sensationslust geweckt. Aber das Gute, der Frieden, die Heiterkeit haben nichts Sensationelles, sie sind einfach nur etwas Normales, und deshalb interessieren sie nicht. Wenn man also den Nachrichten glaubt, die uns aus aller Welt erreichen, kann man zu Unrecht annehmen, daß die Natur des Menschen schlecht und gewaltsam ist.

Aber auch hier sieht man, daß nichts klar und eindeutig ist. Der Erlebnishunger erleichtert es den Medien manchmal, die Korruption aufzudecken und so einzudämmen. Um darauf zurückzukommen: Trotz der vielen Anzeichen von Verwirrung, mit denen wir überhäuft werden, ist es von großer Wichtigkeit, daß wir die Güte als einen bestimmenden Faktor im Charakter des Menschen betrachten.

Aber dies vorausgesetzt, taucht schon wieder eine neue Gefahr auf, viel realer als die versteckte Illusion in den Medien: Der Mensch hält sich für das Zentrum der Welt, ein Zentrum, dem der Rest der Welt untergeordnet sein soll. Diese Seinsweise zieht die Verachtung all dessen, was nicht Mensch ist, nach sich. Andere Lebewesen oder die Umwelt erscheinen nur noch als konsumierbares Objekt oder als ein Mittel, um ein Bedürfnis zu befriedigen.

Also, von Natur aus gut, ist der Mensch in eine Gemeinschaft verankert, unter anderen, in der Mitte der Welt. Und es ist diese Totalität, die er akzeptieren muß, wenn er das Glück erreichen will. Genauer: Sein Glück ist für immer an das Glück der anderen gebunden, wie sie auch sein mögen. Der Mensch kann nicht glücklicher sein, als alle um ihn herum es sind. Andersherum, wenn die anderen leiden, wenn sie vernachlässigt werden, wird das Glück aller verhindert und zerstört. Das Leiden oder das Glück der anderen ist auch unseres.

Machen wir einen Umweg, um diese Idee zu erklären. Die Zeit vergeht, die Dinge verändern sich und sind nicht mehr so, wie sie vorher waren. So wie wir heute sind, ist weder so, wie wir gestern waren noch wie wir morgen sein werden. Dennoch ist es nicht zu bestreiten, daß es eine Kontinuität gibt, daß es dasselbe Wesen ist, das war, ist und sein wird. Es ist von daher ganz legitim, wenn wir heute dem ins Gesicht sehen, was uns morgen passieren kann, wenn wir in der Gegenwart von unserem kommenden Glück träumen. Und obwohl die Zukunft keine Existenz hat, bevor sie ist, obwohl man sich dauernd verändert, ist es natürlich, daß wir aufgrund der Kontinuität von Zeit und Sein die Erfahrung des zukünftigen Wohlbefindens machen. Jeder von uns unterscheidet sich von den anderen, aber wir sind alle miteinander verbunden und abhängig vom Glück der anderen. Genauso wie wir unsere Interessen und Rechte für wichtig und achtenswert halten, genauso müssen wir die Interessen und Rechte der anderen beachten, weil es auch unsere sind. Stammt der Grundsatz, daß der Mensch ein soziales Wesen ist, nicht übrigens daher?

Die Tatsache, daß wir uns vom Wohlergehen eines anderen und von seinem Recht auf Glück betroffen fühlen, die Sorge, die wir für den Nächsten empfinden – wir können es *Mitgefühl* nennen. Unter Mitgefühl verstehe ich nicht ein Erbarmen oder ein hochmütiges Mitleid für ein niederes Wesen. Das Mitgefühl, von dem ich spreche, beruht auf der Idee der Gleichheit, dem Gefühl, daß jeder gleichermaßen Leiden vermeiden und Glück erreichen möchte; das Ganze ruht auf einem starken Ich, das Ausdruck eines universellen Hungers nach Glück ist. Alle Wesen werden mit ähnlichen Wünschen geboren und sollten über dasselbe Recht verfügen, sie zu befriedigen. Dieses Verständnis nährt in uns auf natürliche Weise einen großen Respekt für das Wohl des Nächsten.

Vom Mitgefühl, von diesem Sinn für die Verantwortung gegenüber anderen bewegt, können wir die Natur der Dinge und der Handlungen wirklich verändern. Der materielle Fortschritt kann sich, aus dieser Perspektive betrachtet, als wahrhaft förderlich erweisen; die menschliche Intelligenz, von diesem Gefühl behütet, als wirklich nützlich. In den westlichen Gesellschaften wird der Akzent auf die Entwicklung der intellektuellen Fähigkeiten gesetzt, indessen äußern sie nicht dasselbe Interesse für die Nächstenliebe, suchen nicht auf die gleiche Weise die Eigenschaft des Geistes zu entwickeln, die ihm unerläßlich ist. Was für die Gesellschaften des Westens gilt, hat für die Gesellschaften des Ostens auf noch deutlichere Weise Bedeutung.

Das, was ich eine menschliche Annäherung an die Welt nenne, ist eine Annäherung, die von der Güte, der Nächstenliebe und der Sorge um das Wohl des Nächsten lebt.

Wenn wir dazu in der Lage sind, diese heilsame Energie mit den Möglichkeiten der menschlichen Intelligenz zu verbinden, dann wird die menschliche Gesellschaft die Früchte tragen, die man von ihr erwartet: Sie wird das Wohlbefinden zu allen ihren Mitgliedern tragen.

DRITTER TEIL

Tibet: „Endlösung" auf chinesisch

China überfällt Tibet

Am 7. Oktober 1950 überquert die chinesische Armee den Jangtse (Drichu) und greift Tibet an. Acht Monate nach dem Beginn der Offensive, am 23. Mai 1951, unterzeichnen die beiden Parteien ein „17-Punkte-Abkommen". Das kommunistische China verpflichtet sich nach dem Wortlaut des Textes, die religiösen Traditionen und die Freiheit des tibetischen Volkes zu respektieren, seine Sprache zu fördern, sein politisches System zu bewahren und seine Identität zu unterstützen ... Tatsächlich ist dies der Anfang einer Besetzung und einer systematischen Zerstörung Tibets, die bis heute andauert.

1953 beginnt China eine schreckliche Repressionspolitik. Das Ende des Korea-Krieges im Juli 1953 ist ohne Zweifel eine der Ursachen für diese grausame Entgleisung. Die chinesischen Führer befürchten, daß die diplomatischen Anstrengungen der Tibeter und der Aufstand der Khampas-Stämme im Osten des Landes zu einer politischen und militärischen Einmischung der USA führen könnten. Präsident Truman schließt eine solche Möglichkeit in der Tat nicht aus, stellt aber eine Bedingung: Der Dalai Lama soll das „17-Punkte-Abkommen" offiziell zurückweisen.

Zunächst mag es so ausgesehen haben, daß sich der Dalai Lama damals auch an Washington wenden wollte. Ist er durch das Orakel von Nechung und durch einige einflußreiche Lamas davon abgebracht worden? Keiner kann es bestätigen. Auf alle Fälle war damals die Situation für eine Intervention zugunsten Tibets günstig, zumal die indische Regierung dem amerikanischen Druck nicht hätte widerstehen können, wenn Präsident Truman beabsichtigt hätte, Militärbasen im Norden von Indien einzurichten.

Die starre Haltung der chinesischen Regierung, die darauf abzielt, die tibetische Gesellschaft umzuorganisieren, wird zunächst einen Aufstand in den Provinzen von Kham und von Amdo hervorrufen, bevor ganz Tibet von Unruhen ergriffen wird. Die Chinesen antworten darauf mit zahlreichen Greueltaten. So sind in der kleinen Stadt Doi (Amdo) 300 (andere Quellen sagen 500) Bewohner durch Genickschuß getötet worden, vor den Augen der auf dem Marktplatz zusammengetriebenen Menschen.

1955 entflammen die Kämpfe in Lithang, Bathang, Derge, Chamdo und Kanze. Zehntausende von Khampas-Reitern kämpfen – unterstützt von der Bevölkerung – gegen chinesische Truppen, und das zum Teil in Höhen von mehr als 4500 Metern und bei Temperaturen von minus 40 Grad. Wegen ihrer in den Bergen bewegungsunfähigen Truppen entschließt sich die chinesische Regierung 1956, einen Waffenstillstand mit den Tibetern zu vereinbaren, um ihn nur wenig später wieder zu brechen.

Am 1. Juni 1956 bombardiert und zerstört die chinesische Armee als Vergeltungsmaßnahme für eine großangelegte tibetische Offensive das Kloster von

112

Lithang. Als 1980 eine vom Dalai Lama auf Wunsch der chinesischen Regierung entsandte tibetische Delegation endlich Tibet besuchen kann, findet sie an der Stelle des Klosters nur noch einen Haufen Ruinen. Die Teilnehmer der Delegation erfahren, daß der Statthalter von Lithang auf öffentlichem Platz zu Tode gefoltert wurde. Hunderte von Mönchen und Nonnen sind niedergemetzelt worden. Flüchtlingslager und Nomaden wurden ebenfalls von der chinesischen Luftwaffe beschossen und bombardiert.

Abertausende von Tibetern verschwinden in Arbeitslagern.

Die Greueltaten, die die chinesische Armee nach Befehlen ihrer Regierung ausübt, sind so unerträglich, daß sogar der alte kommunistische, tibetische Führer Phuntsok Wangyal, seine Mißbilligung äußert. Seine Stellung als Vizepräsident des politisch beratenden Kommitees des tibetischen Volkes schützt ihn nicht. Er wird festgenommen und interniert.

Empört über die Meuchelmorde und die Art, wie die Tibeter behandelt werden, verläßt Oberst Cheng HoChing, Befehlshaber der Artillerie in Lhasa, seine Einheit (1200 Männer) und geht in den Widerstand. Von nun an bekämpft er seine Landsleute unter dem Namen Lobsang Tashi. Oberst Cheng HoChing bezeugt, daß zu seiner Zeit Luftwaffe und Panzer der chinesischen Armee tibetische Dörfer systematisch zerstörten und eine unbestimmte Zahl Zivilpersonen töteten.

Als sich im Frühjahr 1959 der Aufstand von Lhasa ereignet, tobt der Krieg bereits seit sechs Jahren. Dieser Aufstand ist mit einer extremen Brutalität unterdrückt worden. Die tibetischen Frauen, die einen Demonstrationszug durch die Straßen der Hauptstadt organisiert hatten, um den Abzug der Chinesen zu fordern, wurden verhaftet, ins Gefängnis geworfen und gefoltert. Einige wurden öffentlich hingerichtet. Die anderen, die nach langen Monaten der Einkerkerung frei kamen, waren durch Folter und Demütigungen kaum noch wiederzuerkennen.

Nach dem Aufstand von Lhasa gehen im ganzen Land Gerüchte herum. Man erzählt sich, daß die Chinesen den Dalai Lama verhaften wollen. Aber der tibetische Widerstand, der von den Khampas-Reitern gut organisiert wird, schläft nicht. Im März 1959 verläßt der Dalai Lama die Hauptstadt und geht den Weg ins Exil. In Lhuntse Dzong, dem letzten Halt vor der Grenze, weist der XIV. Dalai Lama offiziell den „17-Punkte-Plan" von 1951 zurück. Er behauptet, daß die tibetische Delegation damals gezwungen worden war, die gefälschten Dokumente zu unterschreiben, die zwar das Siegel des Dalai Lama trugen, aber in Peking hergestellt waren. Kurz: Er zweifelt die Gültigkeit des Dokuments an.

Damals zensiert Nehru, der indische Premierminister, systematisch die Informationen, die aus Tibet kommen und die Greueltaten der Chinesen offenbaren. Er widmet seine ganze Aufmerksamkeit Pakistan und wägt die Gefahr, die das kommunistische China für Indien bedeutet, noch nicht richtig ab. Das Abkommen von Bandung im Jahr 1954 spricht Indien denselben Status zu wie China. Die Nichteinmischung in die Angelegenheiten eines Nachbarlandes, wie es in dem Abkommen gefordert wird, hat schwere Konsequenzen für Nehru und sein Land. Wahrscheinlich unterzeichnet Nehru im Glauben, daß diese Be-

114

schwichtigungsgeste die Regierung in Peking dazu bewegen kann, ihre Politik zu mäßigen. Er irrt sich. Seine Weigerung, die Besetzung Tibets durch China zu verurteilen, führt zu einer Reihe von Schwierigkeiten, von denen das kostspielige Problem des Schutzes der Grenzen im Norden Indiens nicht das kleinste sein wird.

Tatsächlich hat in den letzten Jahren des tibetischen Aufstandes nur der CIA den Widerstandskämpfern wirklich materielle Unterstützung zukommen lassen, vor allem den Khampas, die sich nach Nepal geflüchtet haben. Diese Unterstützung ist aufgegeben worden, als China seine Beziehungen zu den Vereinigten Staaten Anfang der siebziger Jahre wiederaufleben ließ. Der Aufstand der Tibeter gegen die kommunistischen Streitkräfte war 1974 zu Ende.

Aber gehen wir noch etwas zurück. Nach dem Aufbruch des Dalai Lama führen die chinesischen Behörden sogenannte „demokratische Reformen" durch. Sie fangen an, das Land und den landwirtschaftlichen Ertrag zu beschlagnahmen, um sie an die benachteiligten Klassen zu verteilen (in ihrer Diktion die mittlere und die arme Klasse). Diese Enteignungen werden von einer Verhaftungswelle begleitet. Zahlreiche Bauern, die der sogenannten „Klasse des Volksfeindes" angehören (die Eigentümer, die Reichen und die Reaktionäre) verschwinden oder werden exekutiert.

Die chinesischen Behörden glauben, daß sie mit diesen Maßnahmen leicht jene gewinnen können, die sie bevorzugen. Aber angesichts der Unzufriedenheit, die sich innerhalb der gesamten Landbevölkerung breit macht, ändern sie ihre Politik. Unter dem Vorwand, daß sie bei einigen Tibetern anti-chinesische

Überzeugungen vermuten, starten sie eine großangelegte Säuberungsaktion. Um den Verhaftungen zu
entgehen, begehen viele Männer und Frauen Selbst-
mord. Sie hängen sich auf oder ertränken sich.

Nach den „demokratischen Reformen" und der damit einhergehenden Unterdrückung entscheiden sich
die Kommunisten erneut, Maßnahmen zugunsten
der benachteiligten Klassen einzuführen. Dieses Mal
gehen sie ideologisch vor. Sie nehmen Einfluß auf das
Denken und die Politik, definieren das Klassenbe-
wußtsein, revidieren die Geschichte, die Wirtschaft
... Sie verteilen noch einmal das Land, richten Volkskommunen und landwirtschaftliche Kooperativen
ein. Aber die Ziele werden nicht erreicht. Die Grundlage fehlt. Trotz aller Versprechungen geht der Samen
nicht auf. Und man hört nun die Tibeter sagen: „Zuerst bringen uns die Chinesen zum Lachen, dann
zum Weinen." In diesen wenigen Worten steckt die
ganze Zweideutigkeit der chinesischen Regierungs-
politik.

Im Jahr 1962 werden die Kommunen, die in China
zwischen 1958 und 1960 stufenweise eingeführt worden waren, auch in verschiedenen Teilen Tibets gegründet. Die Einrichtung von Versuchszentren in
Lhasa, Shigatse und Lhokha wird von einer beispiello-
sen Propaganda begleitet, die die Tugenden der Zentren rühmt. Die chinesischen Behörden sagen den
Bauern der mittleren oder armen Klasse, daß sie die
Chance haben, ihre mittelmäßige Situation zu überwinden, um Präsident (*turing*) oder Werkführer (*dhu-
tang*) zu werden, aber nur unter der Bedingung, daß sie
die „Reaktionäre" verraten. Wenn sie die Mitarbeit
verweigern, werden sie einem öffentlichen Urteil

116

(*thamzing*) unterzogen, im Laufe dessen sie die grausamsten Mißhandlungen ertragen müssen.

In den Volkskommunen erziehen die Chinesen „Führer", die anschließend in andere Regionen geschickt werden, um neue Kommunen zu gründen. Aber wenn es zu wenige Freiwillige gibt, versammeln die Chinesen die Bevölkerung auf dem Dorfplatz und führen unter Zwang eine Rekrutierung mit Abstimmung durch Handzeichen durch. Oder sie lassen Erklärungen zugunsten ihres Systems unterschreiben. Die so gewählten Tibeter sind gezwungen, Propaganda zu machen, wenn sie nicht wollen, daß ihre Familien aufgrund ihrer Verweigerung Konsequenzen der schlimmsten Art erdulden müssen. Als Gegenleistung wird den *turings* und *dhutangs* die Gunst der Chinesen zuteil.

Nach Auffassung der chinesischen Regierung sind die Tibeter damit in die moderne Zeitrechnung eingetreten. Die Kommunen sollen den Tibetern eine gewisse Autonomie gewähren und sich – wenn es nötig ist – gegenseitig bei der Entwicklung helfen. In Wirklichkeit sind die Lebensbedingungen in den Kommunen erbärmlich. Der jährliche Ertrag an Getreide wird in fünf Teile geteilt, der kleinste Teil geht an die Bauern zurück, die, wenn sie sich nicht aufmerksam um ihre tägliche Ernährung kümmern, Gefahr laufen, zu hungern.

Die chinesische Regierung hat ebenfalls in Taktse (eine in der Nähe von Lhasa gegründete Kommune, die den Beinamen „Rote Fahne" trägt) ein neues Gesetz eingeführt, das man die Bewegung von Tachai genannt hat, nach dem Namen einer in der Provinz Shensi, in China, gelegenen Stadt. Nach diesem Gesetz sollen zum Zeitpunkt der Ernte Regierungsbeamte geschickt werden, die die Produktion kontrollieren. Auf jede Ernte erheben sie einen Haufen Steuern und Abgaben.

Unzufrieden mit den Ergebnissen ihrer „demokratischen Reformen", bürden die Chinesen den Bauern eine Lebensmittelrationierung auf: monatlich 30 *gyamas* (was ungefähr 15 Kilogramm entspricht) Nahrung pro Person. In dieser Quote sind auf jeden Fall nicht berücksichtigt: alte Menschen und jene Personen, die nicht arbeiten können. Im Vergleich mit den Jahren vor 1959 hatten die Pächter, ob arm oder reich, ausreichend Öl, Butter und Fleisch zur Verfügung, um für die Bedürfnisse jedes Familienmitglieds aufzukommen, ob jung oder alt. Mit der von China eingeführten Sozial- und Rationierungspolitik müssen sich die Tibeter von nun an mit *tsampa* (aus gerösteter Gerste gewonnenes Mehl) und schwarzem Tee das ganze Jahr lang begnügen ... Das chinesische Personal hingegen erhält monatlich pro Person zwischen 30 und 35 *gyamas* Reis und Mehl und dreieinhalb *gyamas* Öl. Diese Rationierungen haben zusammen mit einer schrittweisen Erhöhung der Arbeitszeit den tibetischen Widerstand erschöpft.

Mit dem Ziel, die Nomaden, die einen wichtigen Teil der tibetischen Bevölkerung bilden, seßhaft zu machen, hat die kommunistische Regierung die Tierherden beschlagnahmt und die Nomaden in die Volkskommunen überführt. Aber das funktionierte nicht. Trotz aller Anstrengungen der Behörden, trotz Unterdrückung und Verfolgung weigerten sich die *dokpas* (die Nomaden; S. W.), Abgaben zu bezahlen, und traten in offenen Widerstand zu den Chinesen.

Dieser mißlungene Versuch, die Nomaden seßhaft zu machen, ist einer der Gründe, warum heute noch der Hunger in Tibet wütet.

Auch die Städter sind nicht verschont geblieben. Um die Städte unter Kontrolle zu bekommen, führten die Chinesen an verschiedenen strategischen Punkten der Stadt sogenannte Arbeits- und Volkssolidaritätsausschüsse ein. Diese bestehen aus 50 bis 60 Männern, von denen die Mehrzahl dem Militär angehört. Ursprünglich waren diese Ausschüsse für Verhaftungen zuständig, und sie organisierten die Beschlagnahmung des Eigentums.

Unter ihrer Kontrolle säubern jeden Morgen Angehörige der drei als „Volksfeinde" bezeichneten Klassen die Straßen. Am Nachmittag bewässern sie die jungen Bäume, die entlang der Alleen gepflanzt wurden, und am Abend besprengen sie die Straßen, um den Staub aufzusaugen. Nachts dürfen sie an öffentlichen „Selbstkritik-Sitzungen" teilnehmen. Wenn die Versammlungen zu Ende sind, haben sie noch ein wenig freie Zeit, bis der Arbeits- oder der Volkssolidaritätsausschuß wieder eine Beschäftigung für sie findet. Klar, daß diese ganzen Arbeiten nicht vergütet werden. 1961 wird ein Komitee gegründet, um die Handelsfrage zu regeln. Die Geschäfte und das Eigentum der „großen Händler" (Volksfeinde) werden in Besitz genommen und an die „kleinen Händler" verteilt, und die Eigentümer werden in Arbeitslager geschickt, aus denen die meisten niemals wiederkehren ... Die „mittleren Händler" sind wegen immer höherer Auflagen gezwungen worden, ihr Geschäft zu verkaufen. Wenn sie ihre Abgaben nicht mehr bezahlen können, erwartet sie das Gefängnis und die *thamzing*-Sitzungen ... Die kleinen, auf eine Minderheit reduzierten Händler müssen regelmäßig öffentlicher Kritik und Prügelstrafe die Stirn bieten.

Die von Chinesen geführten Geschäfte werden regelmäßig beliefert, aber die Tibeter dürfen dort nicht einkaufen. Das ist nur denjenigen erlaubt, die auf der von den Behörden ausgestellten Liste stehen.

Seit 1959 sind alle Angestellten Mitglieder der Partei. Sie werden in den Fabriken, Büros und Schulen angeworben und laufen zu der Besatzungsmacht über. Da sie aber von der Masse isoliert sind, können sie den tibetischen Widerstand nicht unterlaufen ... Dennoch bleibt ein Teil der Angestellten sehr mißtrauisch gegenüber der chinesischen Politik, aber diese Leute sind genauso kritisch gegenüber der tibetischen Gesellschaft vor 1959 ... Die jüngste Gruppe von Angestellten stammt aus armen Familien. Die wenigen schließlich, die sich offen der chinesischen Politik widersetzen – sie sind unorganisiert und ohne fundierte politische Ausbildung –, finden sich häufig im Gefängnis wieder. Aber ob sie nun Bauer, Nomade, Händler oder was immer sonst sind, niemand entgeht der wöchentlichen *thamzing*-Sitzung. Bei diesem Volksurteil steht die in Frage gestellte Person zwei oder drei Stunden lang vor der Bevölkerung, die sich zu diesem Ereignis versammelt hat. Die Familie, die Kinder und die Freunde müssen daran teilnehmen, und zur Selbstkritik kommen die Beschuldigungen, die Schläge, das Angespucktwerden der Verwandten. Es passiert oft, daß tief verletzte und verhöhnte Frauen und Männer resigniert gestehen, daß sie Reaktionäre und Volksfeinde sind und um einen schnellen Tod bitten.

Das besetzte Tibet: 1949–1979

Die Unterdrückung des tibetischen Volkes durch die Chinesen macht sich in allen Bereichen bemerkbar. Die Ausübung der Religion war und ist noch immer verboten; die Beziehungen der Menschen untereinander werden genauso engstirnig kontrolliert wie Kleidung und Haartracht; nichtverheiratete Paare, die gemeinsam unter einem Dach überrascht werden, werden öffentlich gedemütigt; die Einwohnerzahl jedes Ortes wird regelmäßig überprüft usw.

1959 wird Lhasa als eine „Stadt eingeschüchterter und ausgehungerter Frauen" beschrieben. Die meisten Männer sind ins Arbeitslager geschickt worden. Die geblieben sind, vermeiden selbst ein einfaches Gespräch unter vier Augen, das schon verdächtig erscheinen könnte.

Mit Kindern beladene Lastwagen durchfahren regelmäßig die Straßen der Hauptstadt. Ihr Ziel ist unbekannt. Am Ende des Wegs wartet der Tod auf die Kinder. Zur gleichen Zeit schicken die Chinesen Kinder, die etwa zehn Jahre alt sind, auf Vogeljagd. Wenn sie von der Treibjagd zurück kommen, müssen sie ihren Fang zeigen. Erscheint das Erjagte den Soldaten nicht ausreichend, werden Eltern und Kinder schwer bestraft; die Eltern vor allem, weil sie eine „reaktionäre Nachkommenschaft" erzeugt haben. Diese barbarischen Handlungen haben nur ein Ziel: die tibetische Kultur zu zerstören, in der der Einfluß des Buddhismus allgegenwärtig ist und die jede Form von Leben respektiert.

Die Roten Garden ziehen verwüstend und plündernd durch das Land, sie zerstören auf ihrem Weg alles, was auch nur im entferntesten mit der tibetischen Kultur zu tun hat. Alle Mittel sind ihnen recht. In Kongpo vergewaltigen sie die Töchter von 400 Holzhauern. Die jungen Frauen sind vorher in aller Öffentlichkeit entkleidet und dem *thamzing* unterworfen worden. Durch diese Grausamkeiten völlig verstört, haben sich viele Tibeter umgebracht.

Im Jahr 1966 wird das Dorf Paynak (Gerichtsbarkeit Shigatse) von einer Hungersnot bedroht; obwohl die Bauern die Getreideernte einfahren, tauchen die Roten Garden auf und belästigen sie: Die Tibeter tragen ihre Nationalkleidung. In Dolkar wird eine junge Frau, die der mittleren Klasse der Bauern angehört, unter dem Vorwand eingesperrt und vergewaltigt, daß sie – nach altem Brauch – lange Haare trägt! ... Sie muß eine kollektive Vergewaltigung durch die Roten Garden über sich ergehen lassen, und ihr wird die Hälfte des Kopfes rasiert, bevor sie sie auf ihren traurigen Heimweg entlassen. Kurze Zeit später wird der Ehemann der jungen Frau erhängt, weil er versucht hat, seine Ehefrau zu rächen. Solche Vorgänge sind für die Tibeter seither zum Alltag geworden.

Da Bevölkerungsstatistiken vor und während der chinesischen Besetzung fehlen, ist es sehr schwer, die genaue Zahl der Tibeter zu ermitteln, die zwischen 1949 und 1979 in Tibet lebten, und natürlich noch weniger die Zahl der umgesiedelten Personen oder jener, die Opfer der chinesischen Unterdrückung geworden sind. Vor 1949 kann die Bevölkerung Tibets auf etwa 6 000 000 Bewohner geschätzt werden.

In einer Studie von 1982 sprechen die Chinesen von der Zahl 3 870 000, aber das heißt, daß die Bewohner der tibetischen Provinzen vergessen wurden, die von den chinesischen Provinzen einverleibt wurden. Das gleiche gilt für die Opfer des Krieges, des Hungers, der Verfolgungen, der Gefangennahmen und der Foltern. Die Regierung in Peking hat niemals die Zahl der Tibeter angegeben, die in den von China annektierten Provinzen verschwunden sind.

Es wurde von 1 200 000 Opfern gesprochen. Aber diese Zahl ist von den chinesischen Behörden niemals bestätigt worden. Diese Schätzung ist nur durch Zeugenaussagen von Tibetern möglich.

Entsetzen, nichts als Entsetzen! Es ist so, daß jeder Zeugenberichte wiedergeben kann, die er von geflüchteten Zivilisten, Mönchen oder Nonnen gehört hat. Einige Beispiele genügen, um zu zeigen, was die Tibeter in den chinesischen Gefängnissen ertragen mußten. Im Gefängnis von Chiujin gibt es 1957 neben den chinesischen Gefangenen 300 Tibeter. Vier Jahre danach haben nur zwei Tibeter die Foltern, die Prügelstrafen, die Zwangsarbeit und den Hunger überlebt. Die Zustände waren derart, daß ein Gefangener eines Tages ein achtjähriges Kind getötet hat, um es zu essen ... Das Gefängnis von Tsawa Pomdha in der Provinz Kham zählte 1959 neun Brigaden von jeweils 900 Gefangenen. Ende 1961 sind von den 8100 Tibetern nur noch 370 übriggeblieben. Die Sterblichkeitsrate liegt also bei 85 Prozent. Nach mehreren übereinstimmenden Zeugenaussagen haben die chinesischen Wächter Gefangene niedergeschlagen, nachdem sie sich vorher auf deren Kosten amüsiert haben ... Von 600 Tibetern aus Lhasa, die in die Arbeitslager von Chun Chin (Kansu) geschickt worden waren, haben nur 27 überlebt. Die Sterblichkeitsrate erreicht hier 95 Prozent ...

Überlebende sprechen von Massengräbern, wo die Körper aufeinandergestapelt und -geschüttet worden sind, und zwar so, daß die hastig auf die Leichen geworfene Erde nicht einmal die Arme und Beine bedeckt, die sich wie Pfähle aus dem vereisten Boden strecken. Ein Gefangener erzählt, daß er sich, um zu überleben, mit seinen Kameraden von Leichen ernährt hat. Andere berichten von ineinander verwikkelten Leichenhaufen, die die Chinesen einfach anzündeten.

Ein alter Gefangener aus dem Gefängnis Nummer 1 in Drapchi hat Tausende von Männern und Frauen verschwinden sehen. Die von ihm genannte Zahl übersteigt 10000 Opfer.

All diese von der Sicherheitsabteilung der tibetischen Exilregierung gesammelten Zeugenaussagen erinnern an die Konzentrationslager während des Zweiten Weltkrieges in Polen. Nicht selten hört man von Tibetern, die bei Temperaturen unter null Grad angekettet und zu Tode geprügelt wurden und die das *thamzing* in kaum erleuchteten Räumen erdulden mußten. Aber neben den körperlichen Mißhandlungen gibt es die geistige Folter, die tägliche Indoktrination, die regelrechte Gehirnwäsche. Durch Schläge, Demütigungen und Folter wurden die Gefangenen schließlich soweit gebracht, ihren Folterknechten zu danken. Auch wenn sie wieder frei kamen, blieben ihnen alle erduldeten Grausamkeiten und Demütigungen unauslöschlich im Gedächtnis.

Vor 1950 gab es 600000 Mönche in Tibet. Die meisten von ihnen sind verhaftet, ins Gefängnis geworfen und umgebracht worden. Viele Mönche und Nonnen sind ganz einfach verschwunden. Die Klöster von

Drepung, Sera, Gaden, Lithang, Dergé, Bathang, Chamdo, Tashi Khyil, Kumbum und noch viele andere sind buchstäblich von ihren Bewohnern und auch von allen heiligen Gegenständen geleert worden. Diese Kunstobjekte sind von der Regierung in Peking auf den Finanzplätzen wie zum Beispiel Hongkong mit dem Ziel verkauft worden, Aktionen zu finanzieren, die die tibetische Kultur und Religion zerstören.

Im Ministerium für Sicherheit, wo täglich Informationen über neue Folteropfer in den Gefängnissen in Tibet eingehen, vergleicht man die von den chinesischen Behörden angewandten Methoden mit jenen von Dachau oder Auschwitz – nur mit einem Unterschied: Die Grausamkeiten, die mit der chinesischen Invasion 1950 begannen, dauern noch heute an.

Die von den Chinesen in Tibet angewandte Landwirtschaftspolitik ist ebenso zerstörerisch und unheilvoll, und – auch wenn sie nicht das schreckliche und unerträgliche Gesicht des menschlichen Blutbades offenbart – sie erweist sich auf lange Sicht als genauso mörderisch und tragisch. Tatsächlich herrscht seit den chinesischen „demokratischen Reformen", seit den von den Pekinger Behörden auferlegten Veränderungen der Bräuche und der Kultur, ein andauernder Hungerzustand im Land; ein Zustand, den die tibetische Geschichte niemals vorher gekannt hat.

Vor 1950 bildete die Gerste die Grundlage der Ernährung der Tibeter; sie zogen daraus den *tsampa*. Die Chinesen haben die Gerste durch Weizen ersetzt. Da der Weizen das tibetische Klima überhaupt nicht verträgt, kommt er nicht zur Reife und erfriert meistens schon vor der Ernte. Auch wurden vor 1950 die Felder freiwillig als Brachland liegengelassen und dienten so den Jak-Herden als Weidegrundlage. Die Chinesen haben gefordert, daß das ganze Land kultiviert werden soll, also sind heute aus den Weideplätzen von gestern bestellte Felder geworden, große mit Weizen besäte Flächen. Das Resultat: die Herden sind ganz verschwunden, der Weizen wächst nicht, und die Erde ist ausgelaugt.

Als sie die Irrtümer erkannten, haben die tibetischen Bauern und Nomaden die chinesischen Behörden gewarnt. Dennoch brach 1960 eine Hungersnot aus und erstreckte sich schnell über das gesamte Territorium. In den früher an Getreide reichen Regionen wie Kanze und Dragyab war die Bevölkerung gezwungen, betteln zu gehen und ihr Zuhause zu verlassen, um Eßbares zu suchen.

Auch hierzu gibt es zahlreiche Zeugenberichte. Unter vielen ist mir eine im Gedächtnis geblieben. Anfang der sechziger Jahre – ihr Mann war verhaftet worden – benutzte eine ausgehungerte Mutter ihr eigenes Blut, um ihren Kindern eine Suppe zu kochen. Zahlreiche Dorfbewohner starben vor Hunger, nachdem sie ihr Land verkauft hatten und ihnen keinerlei Ressourcen mehr blieben. Neuere Berichte zeigen, daß sich diese Hungerssituation in mehreren Regionen Tibets fortsetzt und daß im Laufe der sechziger Jahre mehr als 350 000 Tibeter an Hunger gestorben sind. In den Restaurants in Shigatse warteten die Tibeter, bis die Touristen das Essen beendet und den Tisch verlassen hatten, um sich dann auf die Überreste zu stürzen.

Durch die ständige Unterernährung besteht bei der jungen Generation von Tibetern die Gefahr, daß genetische und geistige Probleme auftauchen.

Der eiserne Griff: 1975–1995

Am 1. Februar 1979 erkannten die Vereinigten Staaten China offiziell an. Nachdem er von den Chinesen über einen sehr langen Zeitraum „umerzogen" worden war, erschien der Panchen Lama (geistiger Stellvertreter des Dalai Lama; S. W.) zum erstenmal seit seiner Verhaftung in der Öffentlichkeit. Er ermahnte den Dalai Lama, nach Tibet zurückzukehren: „Wenn der Dalai Lama wirklich am Glück und am Wohlergehen der Masse von Tibetern interessiert ist, wird er in dieser Frage nicht schwanken müssen: Ich kann ihm garantieren, daß das aktuelle Lebensniveau mehrfach höher liegt als in der alten Gesellschaft."

Tenzin Gyatso, der XIV. Dalai Lama, bittet die chinesischen Behörden darum, jene Ausländer und Vertriebenen nach Tibet zurückkehren zu lassen, die ihre Familien besuchen wollen. Er schlägt eine Einladung nach Peking aus und schickt eine fünfköpfige Kommission nach Tibet. Am 2. August 1979 bricht die tibetische Delegation unter der Leitung von Lobsang Samten, einem der Brüder Seiner Heiligkeit, aus Delhi nach Peking auf, bevor sie für vier Monate nach Tibet reist.

Der nach der Rückkehr veröffentlichte Bericht ist niederschmetternd. Die Kommission hatte auf dem gesamten Gebiet nicht mehr als 85 Schulen besuchen können. Die Chinesen haben es auf die Frühstücksstunde geschoben, daß gewisse Klassen morgens um zehn Uhr geschlossen waren, und sie haben jede Erklärung zu dem aufeinandergestapelten Holz in gewissen Klassen verweigert ...

Im heutigen Tibet werden die meisten Zeitschriften, Zeitungen und Bücher in Chinesisch publiziert, das offizielle Landessprache ist; 70 Prozent der Lehrkräfte an Schulen und Universitäten sind Chinesen. Wenn überhaupt das Tibetische unterrichtet wird, dann in den von den Hauptstädten weit entfernten Dörfern, eine Stunde pro Tag und nicht länger als drei Jahre lang. Die einzige nicht regierungsabhängige Schule in Lhasa ist 1994 geschlossen worden. Die Versprechungen, die der tibetischen Delegation damals gemacht wurden, sind nicht erfüllt worden.

China hat das Bestehen von 6000 Unterrichtsanstalten in Tibet für ungefähr 200 000 Studenten offiziell bestätigt, und das Radio von Lhasa rühmt jeden Tag die Unterrichtsqualität an den tibetischen Schulen. Aber Beobachter haben festgestellt, daß im Laufe der letzten zehn Jahre immer weniger Schüler eingeschult wurden. Die Alphabetisierungsquote in Tibet beträgt heute 26,8 Prozent. Nicht einmal eine Frau von sechs Frauen kann lesen.

In Lhasa werden die meisten der schlecht ausgebildeten Tibeter als Bürger zweiter Klasse angesehen. Man findet nur sehr selten einen Postbeamten, einen Angestellten im Touristenbüro oder einen Busfahrer, der tibetischer Herkunft ist.

Die chinesischen Kolonisten, die immer zahlreicher werden, betrachten Tibet als einen Durchgangsort, an dem man gut viel Geld verdienen kann. Es werden noch mehr kommen, wenn die chinesische Regierung ihr Projekt durchsetzt, Golmud und Lhasa mit der Eisenbahn zu verbinden. Peking gibt bezeichnenderweise keinerlei Erklärung ab, welcher Nutzen aus dieser Strecke gezogen werden soll, die ein Teil der großen chinesischen Projekte für das Jahr 2000 in

128

Tibet ist. Tatsächlich wird sie vor allem für die Bevölkerungsumsiedlung und die Ansiedlung neuer Kolonisten in der Region die Weichen stellen. Wie man sieht, ist die von Peking angekündigte Liberalisierung nichts als ein Propagandawerkzeug. Das wirkliche Ziel von China ist es, das intellektuelle Niveau der Tibeter so niedrig wie möglich zu halten, damit sich keine organisierte Opposition entwickeln und sich ihrer Politik der fortschreitenden Auflösung eines Staates entgegenstellen kann. Man muß daran erinnern, daß die meisten der tibetischen Intellektuellen zwischen 1950 und 1979 ermordet wurden.

In Tibet beträgt die Lebenserwartung 40 Jahre. In China sind es im Durchschnitt 65 Jahre. 150 von 1000 Neugeborenen sterben. Beobachter vor Ort konnten bestätigen, daß die meisten der nach Tibet geschickten chinesischen Ärzte Studenten waren, die in ihrem Studium gescheitert sind. Das sind diejenigen, die sich um die Bevölkerung kümmern und die tibetischen Ärzte oberflächlich ausbilden. Wenn sie sich einer wichtigen medizinischen Behandlung unterziehen oder einen chirurgischen Eingriff über sich ergehen lassen müssen, ziehen es die Kolonisten vor, nach China zurückzukehren. Diese medizinische Unfähigkeit hat Folgen. Die verschriebenen Medikamente sind für die Kranken häufig ungeeignet und führen zu zahlreichen Invaliditätsfällen (Verlust des Augenlichtes, Lähmungen ...) und auch zum Tod. Es gibt praktisch keine Hygiene in den Krankenhäusern. Selten gibt es ein Krankenzimmer. Und wenn nicht genug Platz ist, werden die von Tibetern besetzten Betten für Chinesen freigemacht.

Vor 1949 kannte man in der tibetischen Gesellschaft – was auch mit der Höhenlage zusammenhängt – kaum mehr als die Windpocken, heute beobachtet man eine Ausbreitung von schweren Krankheiten, die es früher nicht gab. Wahrscheinlich ist der Hunger schuld daran, daß sich die Tuberkulose schnell im Land ausgebreitet hat. Die Infektionsgefahr in Tibet ist zweimal so groß wie in China. Auch wurde eine Erhöhung der Herzmuskelerkrankungen und der Krankheiten der Atemwege festgestellt. Die Arbeitsbedingungen haben Probleme im Bereich der Wirbelsäule hervorgerufen, und der Alkohol ist die Ursache für zahlreiche Nierenkrankheiten.

Noch schlimmer ist, daß die chinesische Politik in Tibet bei den Tibetern genetische Schäden verursacht hat, deren Folgen im Moment noch gar nicht abzuschätzen sind. Schuld daran sind die Lebensbedingungen, der bis heute andauernde Hunger und die zahlreichen erzwungenen Abtreibungen. Übrigens hat die bis an die äußerste Grenze betriebene Kolonisation sowie die Umsiedlungspolitik bei den Menschen schwere psychologische Störungen verursacht. Viele Tibeter sind alkoholabhängig geworden, eine negative Entwicklung, die von den Chinesen heimtückisch unterstützt wurde. Die Methode erinnert sehr an jene, die von den amerikanischen Kolonisten gegenüber der indianischen Bevölkerung in den Vereinigten Staaten angewandt wurde. Mit voller Absicht wird eine Tasse Tee für etwa 90 Pfennige verkauft, während eine Flasche „San jui", ein alkoholisches Getränk, das im allgemeinen aus Szechuan kommt, schon für 15 Pfennige zu haben ist. Wenn man den Inhalt der Flasche, ein Destillat aus Radieschen, als Brennmaterial benutzt, brennt er länger als eine Stunde!

Kommen wir zu den häßlichsten und schlimmsten Methoden, die von der Regierung in Peking vielleicht mit dem Ziel angewandt werden, die tibetische Nation auszulöschen, dieses Volk, seine Einheit, seinen Zusammenhalt bis hin zu seiner Möglichkeit der Wiedergeburt zu zerstören: die Geburtenkontrolle (eine wahnsinnige Kontrolle, die bis zur Sterilisation geht) und die Umsiedlung der Bevölkerung.

Einige Quellen weisen auf Zwangsabtreibungen und -sterilisierungen seit 1955 in Tibet hin. Damals beschränkten sich die Vorfälle auf einige Teile von Amdo. 1960, nach dem Aufstand von Lhasa, haben tibetische Flüchtlinge den Internationalen Juristenverband darüber informiert, daß sich die Maßnahmen auf das gesamte Territorium ausgeweitet haben und daß sie eine „wirkliche Zerstörung des tibetischen Volkes" miterlebten. Seit 1963 raten die chinesischen Behörden von einer Heirat ab, wenn der Tibeter jünger als 30 Jahre und die Tibeterin jünger als 25 Jahre ist, aber sie fördern die tibetisch-chinesischen Mischehen.

Aus Sicherheitsgründen ist es unmöglich, die Berichte der Opfer der chinesischen Geburtenkontrolle im Detail zu erzählen. Man weiß zum Beispiel, daß die Abtreibungen, die in den öffentlichen Krankenhäusern von Chamdo und in den um Lhasa gelegenen Hospitälern praktiziert werden, Frauen vom dritten bis zum siebten Schwangerschaftsmonat betreffen und daß die Föten in die Toilette geworfen werden, wo sie mit der Wasserspülung verschwinden. Wenn eine schwangere Frau keine Heiratsurkunde vorzeigen kann oder wenn sie nicht verheiratet ist, wird das Neugeborene sofort getötet.

1987 wurden in zahlreichen Dörfern Büros zur Geburtenkontrolle eingerichtet und die Tibeterinnen in kleine Gruppen eingeteilt. Die Frauen zwischen 15 und 45 Jahren sind entweder zu einer Abtreibung oder zur Sterilisation gezwungen worden. Die „Freiwilligen" erhielten nach dem medizinischen Eingriff Nachsorge. Für die anderen ergriff man keinerlei Vorsichtsmaßnahmen. Die Föten wurden am Eingang des Zeltes aufeinandergestapelt, vor den Augen der jungen Tibeterinnen, die darauf warteten, daß sie an die Reihe kamen. Als Folge dieser erzwungenen Abtreibungen und dieser Sterilisierungen sind Frauen vom Becken ab gelähmt gewesen, andere sind bei dem Eingriff selbst oder wenige Tage später gestorben.

Die Tibeter müssen andauernd ärztliche Kontrollen über sich ergehen lassen: Hausdurchsuchungen, Schwangerschaftsbescheinigungen und Verhütungsmethoden. Wenn die Ärzte zu der Einschätzung kommen, daß die Familie die „Politik der Partei" nicht respektiert, nehmen sie sofort eine Sterilisation oder eine Abtreibung vor. Dieselben Ärzte erhalten Prämien für die Zahl der ausgeführten Eingriffe.

Die chinesischen Praktiken erinnern unvermeidlich an jene, die in den Konzentrationslagern ausgeübt wurden. Auch hier gibt es zahlreiche Zeugenberichte. Mit Gewalt in die Zentren gebrachte junge Frauen und Heranwachsende haben chirurgische Eingriffe über sich ergehen lassen müssen. Hervorgehoben wird im Zeugenbericht mehrerer Flüchtlinge, daß 1964 chinesische Ärzte bei ihrer Tibet-Durchquerung die Tibeter wie Versuchskaninchen benutzt haben. Diese Fakten sind von den Familien der Opfer bestätigt worden, denen es gelungen war, nach Indien zu flüchten. Zahlreiche Zeugen versichern, daß die Körper zerschnitten und den Vögeln vorgeworfen wurden: „Um die buddhistische Religion zu achten", sagen die Chinesen – „Damit man sie nicht wiedererkennen kann", sagen die Tibeter genauer. Es ist auch wahr, daß man nach dem Weggang der Ärzte häufig nur noch blutige Verbände oder chirurgische Instrumente fand. Einige sind in dem, was von den Leichen übrigblieb, vergessen worden.

Die Politik der Geburtenkontrolle und die Sterilisationen der Frauen setzen sich bis heute fort. Offiziell geht es den chinesischen Behörden nur um die Verfügung einer Spritze gegen Syphilis für gewisse gefährdete Tibeterinnen! Auch die Sterblichkeitsrate bei Kindern zwischen einem und sechs Jahren ist hoch. Um ein Neugeborenes nach der Geburt „einzuschläfern", wird ihm reiner Alkohol in den Kopf gespritzt. Kinder werden mit Hilfe von speziell für diesen Zweck hergestellten Behältern erstickt. Die Erfinder dieser Praktiken erhalten auch Prämien.

Diese Politik der Geburtenkontrolle wurde Anfang der sechziger Jahre eingeführt, und die chinesischen Behörden geben zu, daß die Tibeter während der Kulturrevolution mit Sterilisationen und erzwungenen Abtreibungen konfrontiert waren, aber sie leugnen, daß diese Praktiken heute noch vorkommen. Diese Methoden sind 1977 wieder aufgetaucht und haben sich in den achtziger Jahren in ganz Tibet ausgebreitet.

Indem sie sich den Forderungen der chinesischen Verwaltung unterwirft, verliert die tibetische Frau alle ihre Rechte, einbegriffen das Recht, über ihren eigenen Körper zu bestimmen. Vom Moment seiner

Entstehung an befindet sich das tibetische Kind im gleichen Umfeld. Der Staat hat es sich angeeignet und reserviert sich zunächst das Privileg seiner Geburt, dann kontrolliert er sein zukünftiges Leben, indem er ihm eine Geburtsurkunde ausstellt ... Die chinesischen Behörden nehmen sich jeden Tag das Recht heraus, in Tibet Kinder zu töten, deren einziges Verbrechen es ist, ohne Erlaubnis der Besatzungsmacht geboren zu werden.

Die Auswirkungen dieser Praktiken auf die nächsten Generationen werden katastrophal sein. Aber zu der Quote (höchstens zwei Kinder pro Familie), den Abtreibungen, der Sterilisation und den administrativen Einschränkungen kommen noch die Umsiedlungen der tibetischen Bevölkerung und die massive Ansiedelung von Chinesen.

Selbst die aus Peking stammenden Zahlen zeigen an, daß die tibetische Bevölkerung abnimmt. Zwischen 1949 und 1950, vor der chinesischen Invasion, gab es ungefähr sechs Millionen Tibeter. Mehr als 1,2 Millionen Tibeter sind im Laufe der „Schreckensperiode", die dem nationalen tibetischen Aufstand im März 1959 folgte, aber auch während des „Zwanzigjährigen Krieges" (1954–1974) umgekommen. Statistiken von 1987 schätzen die tibetische Bevölkerung auf 5,2 Millionen, andere 1990 erschienene Daten auf 4,59 Millionen. Was nun auch die richtige Zahl sein mag, wichtig ist festzustellen, daß die tibetische Bevölkerung seit Anfang der sechziger Jahre kaum zugenommen hat. Schon dadurch entbehrt das Argument, daß die Geburtenkontrolle wegen einer zu hohen Geburtenziffer durchgeführt werden müsse, jeder Grundlage.

Was soll man sagen, wenn die Chinesen solche Praktiken damit rechtfertigen, daß es zu wenig pflügbares Land gebe, während im Rahmen des Umsiedlungsprogrammes Millionen von Chinesen nach Tibet geschickt werden? … Was soll man sagen, wenn die Regierung von Peking bis zu 200 Millionen Chinesen in die besetzten Gebiete in Westtibet schicken will?

Als 1985 der berühmte englische Biologe David Bellamy in einer Lobrede die chinesische Geburtenkontrolle als einen „fantastischen Erfolg" bezeichnete, hat er nicht unrecht gehabt. In der Tat handelt es sich um das beste von einer Regierung verwirklichte Zerstörungsprogramm eines Volkes auf dem gesamten Planeten.

Religiöse Freiheit und Klöster

1990 machten die chinesischen Behörden in Lhasa mehr als 3000 Häuser dem Erdboden gleich, seitdem entstehen im alten Viertel von Jokhang Geschäftszentren.

1992 begann mit der Ernennung des neuen Generalsekretärs der kommunistischen Partei, Chen Kuiyan, die vollständige Zerstörung des alten Lhasa.

Im Februar 1994 ist die einzige regierungsunabhängige tibetische Schule geschlossen worden. Offizielle Quellen aus dem Jahr 1993 berichten von 150 000 Bürgern in Lhasa, von denen höchstens noch ein Drittel Tibeter sind. Nur die Städte in der Provinz haben sich eine gewisse Identität bewahrt.

Trotz dieser vom kommunistischen China ausgehenden Kolonisierungspolitik sind die Zeichen der Religion und der tibetischen Kultur für jeden, der Tibet heute besucht, sichtbar. Die Gebetsfahnen flattern im Wind. Hier und dort wird ein Kloster renoviert. Weihrauchfahnen ziehen durch die Tempel. In jedem tibetischen Haus werden Opfergaben dargebracht, und man kann dort sogar das Foto des Dalai Lama finden. Und wenn man als Spaziergänger durch die Straßen der Städte und Dörfer geht, können einem Pilger begegnen, die gekommen sind, um einen heiligen Ort zu besuchen.

Nach Jahrzehnten der totalen Unterdrückung der Religion, scheint der Buddhismus auf wunderbare Weise wieder aus seiner Asche aufzuerstehen. Wenn es auch nicht möglich ist, die buddhistische Praxis von der nationalen tibetischen Identität zu trennen, ist es trotzdem sehr schwierig, die neuen von der chinesischen Regierung gewährten „Freiheiten" zu verstehen, die übrigens die Entwicklung der tibetischen Kultur kaum fördert, da sie als ein Überbleibsel aus feudalistischer Zeit angesehen wird.

Aber kann sich China der wachsenden Sehnsucht der jungen Menschen nach einem mönchischen Leben entgegenstellen? ... Lassen es die Chinesen deshalb zu, daß die Klöster renoviert werden? Oder denken sie sich ein neues Projekt aus, mit dem sie das tibetische Volk erniedrigen können? Denn man darf nicht vegessen, daß die Klöster für die Tibeter intellektuelle und kulturelle Zentren sind, Symbole nationalen Interesses, zugleich politischer und spiritueller Art, während sie für die Chinesen nur „nationale Museen" und „Denkmäler der Volksarbeit" sind. Im übrigen gehören die Klöster der Abteilung „Altertümer" an.

Das am Geburtsort des Lama Tsongkhapa (1357–1410) – einem großen Reformator und Gründer der Gelug-Linie – gebaute, aus dem 16. Jahrhundert stammende Kloster von Kum-Bum (in der Region von Amdo, die heute Qinghai genannt wird) ist nur noch eine Touristenattraktion. Die Umgebung des Klosters wird von chinesischen Siedlern bewohnt. Die Landschaft erinnert mehr an China als an Tibet. Chinesische Stände und Läden säumen die staubige Straße, die zum Kloster führt. Vor den restaurierten Klöstern sieht es genauso aus. Vor dem Eingang jedes Tempels werden Eintrittskarten verkauft. Man besucht das Kloster gruppenweise. Täglich kann man lärmende chinesische Touristen beobachten, die Fotos machen, Mönche beleidigen und die heiligen Orte entweihen, indem sie darauf bestehen, die Gebetsmühlen mit ihren Füßen zu drehen oder sich auf den Thron Seiner Heiligkeit zu setzen. Wenn sie angetrunken sind, amüsieren sich die chinesischen Polizisten und Militärs, indem sie die Mönche ärgern und schlagen. Der Reiseführer versichert den Touristen, daß Religion blinder Glaube sei und daß es keine Gottheit gebe. Die kommunistischen Behörden glauben, daß die Tibeter kein Urteilsvermögen haben, und bekräftigen, daß die Religion gemeinsam mit der Zivilisation vernichtet wird.

Die Mönche des Klosters von Kum-Bum werden wie Türsteher angesehen. Ihre Studien können sie nur unter sehr schwierigen Bedingungen abends verfolgen, und sie müssen auf einen Teil ihrer Nachtruhe verzichten. Die Studientexte müssen von den Mönchen unter Zuhilfenahme eines Holzblocks mit eingravierten Buchstaben selbst gedruckt werden. Die

Anzahl der Mönche, die legal in den Klöstern leben dürfen, wird sehr streng quotiert.

Um offiziell angenommen zu werden, muß der zukünftige Mönch 18 Jahre alt sein und die Zustimmung des örtlichen Buddhistenverbandes bekommen, dessen Mitglieder von den chinesischen Behörden ernannte Repräsentanten des Klosters sind. Außer einer eventuellen finanziellen Unterstützung durch die Familie wird den Mönchen keinerlei Hilfe bewilligt. Dennoch, trotz dieser Schwierigkeiten, erhöht sich die Zahl der „illegal" in den Klöstern lebenden Mönche. Wenn sie auch von den Chinesen toleriert werden, so haben sie in Wirklichkeit keine Rechte. Sie dürfen weder bei den Gebeten dabeisein noch wird ihnen Essen ausgeteilt, und noch weniger dürfen sie an den Vorlesungen und Debatten teilnehmen. Bevor sie sehr spät in der Nacht an irgendwelchen buddhistischen Kursen teilnehmen können, müssen sie jeden Tag die schlimmsten Demütigungen und Einschüchterungen über sich ergehen lassen.

Im Kloster von Kum-Bum gibt es derzeit 300 „offizielle" und 100 „illegale" Mönche. Noch kritischer ist die Situation im Kloster von Tashi-Khyil, wo 800 „illegale" auf 500 „offizielle" Mönche kommen. In Drepung zählt man 400 „offizielle" und 200 „inoffizielle" Mönche.

Wie kann man diese Begeisterung für das mönchische Leben erklären? Tatsächlich eröffnen die Klöster in Tibet einem tibetischen Kind praktisch die einzige Möglichkeit, Tibetisch lesen und schreiben zu lernen. Die meisten der jungen Mönche mußten während ihrer ganzen Kindheit am Unterricht in chinesischen Schulen teilnehmen. Diese Diskriminierungspolitik gegenüber der tibetischen Kultur hat bei ihnen dazu geführt, daß sie die Chinesen ablehnen und – paradoxerweise – in die Klöster eintreten wollen. Aber die meisten Klöster, die sich in der Nähe der Dörfer befinden, haben keine Lehrer mehr. Die jungen Leute wenden sich also an die bedeutenderen Klöster, denen die chinesischen Behörden Quoten auferlegt haben, und werden „illegale" Mönche.

Die Mönche von Kham und Amdo, die keinen Zugang zu den Klöstern in Zentraltibet haben, gehen den Weg ins Exil, um ihre Studien fortsetzen zu können. Das gleiche gilt für die großen Klöster Gaden, Drepung und Sera.

Auch wenn sich die chinesische Politik den Anschein einer religiösen Freiheit gibt – die Realität sieht ganz anders aus. Tatsächlich dient das klösterliche Personal dazu, die Bauten zu restaurieren, die, wenn sie wieder in gutem Zustand sind, Touristenattraktionen werden. Entlang der Straßen, die zu diesen Klöstern führen, werden die Beweise der chinesischen Zerstörung geschickt verborgen. Dazu kommt die Knappheit an qualifiziert unterrichtenden Lehrern. In Gaden zum Beispiel leben nur 15 alte Mönche, von denen zwei *Geshes* (offizieller Titel, dem Doktor der Philosophie vergleichbar; S. W.) für 250 junge Mönche zuständig sind.

Die Situation der „illegalen" Mönche schafft Unzufriedenheit. 1986 wurden 50 Mönche verhaftet, weil sie das *Monlam*, ein jährlich stattfindendes Gebetsfest, boykottierten; sie wollten damit die Freilassung aller im Gefängnis sitzenden Mönche einfordern. Die Chinesen haben einige von ihnen freigelassen, aber die meisten sind im Gefängnis geblieben, unter ihnen der berühmte Mönch von Gaden, Yulu Dawa Tsering. Die chinesischen Behörden haben daraufhin mit der Vertreibung der „Illegalen" gedroht, wenn die Mönche nicht am *Monlam* teilnehmen würden, das bei dieser Gelegenheit zu einer ausgedehnten Propagandaaktion für die ausländische Presse umfunktioniert wurde.

Eine weitere Quelle für Reibungen und Unzufriedenheit sind die Versuche der Chinesen, innerhalb des Klosters zu indoktrinieren. Seit Oktober 1989 haben die chinesischen Behörden in den Gelug-Klöstern in der Umgebung von Lhasa einen politischen Unterricht eingeführt, dem die Mönche zwei- bis dreimal pro Woche folgen müssen. Die Vertreter eines Ausschusses, der aus 50 Parteiangehörigen besteht, besuchen die Klöster und befragen die Mönche nach dem in den politischen Klassen unterrichteten Stoff. Die Chinesen versuchen, den Mönchen auf diese Weise beizubringen, daß die Tibeter eigentlich glücklich sind, Demonstrationen unnötig sind und es in Tibet religiöse Freiheit gibt. Dieselben Chinesen machen die angeblich aufsässigen, faulen und unnützen Mönche für den Mangel an Disziplin in den Klöstern verantwortlich. Der Besuch des Ausschusses führt immer zu neuen Verhaftungen. Und in der Zwischenzeit wacht die Polizei darüber, daß die Mönche den Touristen und Ausländern nicht zu nahe kommen.

Der Wiederaufbau und die Wiedereröffnung der Klöster hat zu sehr langen Diskussionen zwischen Regierungsvertretern aus Peking und den Tibetern geführt, die gerne die Unversehrtheit der Klosterinstitutionen wiederhergestellt hätten. 1970 durften ausschließlich ältere Mönche im Kloster von Drepung leben. Die jungen Mönche, die gerade erst ihr Gelübde abgelegt hatten, trugen in der Stadt weltliche Kleidung. Zur selben Zeit schickten die Chinesen Laien ins Kloster, die Mönchskleider trugen, und ermunterten sie zu heiraten. Es gab keinen Unterricht. Die Lektüre der heiligen Texte und das Rezitieren des *Mani* war erlaubt, aber die Opfer für die Mönche wurden mit den Laien geteilt. Tatsächlich stellen die Mönche und Nonnen für die kommunistischen Behörden nur das Personal einer Fabrik dar, die religiöse und abergläubische Gefühle produziert.

Eines Tage hatten die alten Mönche, die in den Feldern in der Nähe der Ruinen von Gaden arbeiteten, die Idee, das Kloster wiederaufzubauen. Während sie ihre Herden in der Nähe weiden ließen, begannen sie einen kleinen Altar auf die Ruinen zu bauen. Das Projekt wurde sofort von den Bewohnern Lhasas und den Menschen, die in der Nähe wohnten, unterstützt. Die Chinesen waren am Anfang gegen dieses Projekt, dann haben sie es genehmigt. Dieses Unternehmen ist nun für alle Tibeter das Symbol der wiedergefundenen nationalen Einheit geworden. Die Situation ist vergleichbar mit jener des Wiederaufbaus des Tempels von Pal-Lha Lu-Puk nahe bei Lhasa, der das Symbol des tibetischen Widerstands war. In Lhasa hat man das Kloster *Shu-nu* Lha-Khang genannt, den „Tempel der Jungen".

1983 waren die chinesischen Behörden angesichts der Entwicklung der Klöster und des Ansturms junger Tibeter stark irritiert. Die Polizei griff ein und erklärte den Mönchen, daß jene, die sich „illegal" engagierten, hingerichtet würden. Sie machte klar, daß religiöse Freiheit nicht bedeute, sich in einem Kloster versammeln zu können, und daß die religiöse Praxis auch zu Hause ausgeübt werden könne. Unter dem Vorwand, daß sie die Lobpreisungen und Gebete für Seine Heiligkeit den Dalai Lama und für die Unabhängigkeit Tibets ausgesprochen hätten, nahmen dann aus Lhasa herbeigeeilte Militärangehörige die Mönche fest und brachten sie nach Tak-Tse. Nach einigen Tagen Haft haben sie sie schließlich wieder freigelassen.

Nach diesen Zwischenfällen nahm der örtliche Buddhistenverband eine zurückhaltendere Politik ein, und die Mönche von Kham und Amdo wurden nach Hause zurückgeschickt.

Das Phänomen des Wiederaufbaus und der Wiederbevölkerung der Klöster betraf die abgelegenen Regionen des Landes, wo sich die Regierung kaum einmischt. Chim-Puk, eine Tagesreise von Samye entfernt, war ein wichtiger Rückzugsort der Nyingma (Angehörige der „Schule der Alten", einer der vier Hauptschulen des tibetischen Buddhismus; S. W.) zur Zeit des Padma sambhava (8. Jahrhundert). Dieses Kloster gewährt heute etwa 50 Mönchen und Nonnen Unterkunft, die von den Opfern der regelmäßig an diesem Ort zusammenkommenden Pilger leben. Die Ordensleute verfolgen dort den Unterricht eines Nyingma-Lama. Der Tempel und der Stupa sind wiederaufgebaut worden, und der Ort erweckt wieder den Anschein eines aktiven religiösen Lebens. Einige Grotten werden von Mönchen und Nonnen bewohnt, die dort als Eremiten leben.

Nur die Klöster, die einen historischen Wert darstellen, sind mit der Genehmigung und Unterstützung der Regierung wiederaufgebaut oder renoviert worden. Das ist in Samye der Fall. Aber den Tibetern, die freiwillig dorthin gegangen sind oder denen die Aufgabe übertragen wurde, die Klöster wiederaufzubauen, hat man keinerlei Garantie für die Rückkehr der Mönche gegeben.

Es ist heute sehr schwierig, etwas über die Zukunft der Klöster in Tibet zu sagen. Nach den Demonstrationen von Mönchen und Nonnen in Lhasa und vor allem nach 1986 überwachen die chinesischen Behörden sehr genau alle religiösen Aktivitäten. Viele „illegale" Mönche, die die *Monlam*-Festlichkeiten besuchten, sind jetzt im Gefängnis. Aber die Chinesen stecken in einem Dilemma. Gewähren sie wirklich religiöse Freiheit, bedeutet das einen landesweiten Aufschwung der Klöster. Verbieten sie die Religion oder schränken sie sie ein, vergrößern sich die Schwierigkeiten, denen sie im Innern des Landes gegenüberstehen, unausweichlich. Denn die Religion und die nationale tibetische Identität sind nicht voneinander zu trennen. In den Klöstern sehen die jungen Tibeter ihre einzige Möglichkeit, eine Erziehung zu erhalten, die sich an den Werten und Traditionen ihres Landes orientiert. Es gilt auch: Je mehr Einschränkungen die Chinesen den Klöstern auferlegen, desto verbitterter werden die Tibeter, und desto stärker wächst ihr Widerstand.

Die tibetische Exilregierung

1959 von Seiner Heiligkeit dem Dalai Lama gegründet, umfaßt die Zentrale Tibetische Verwaltung drei unabhängige Ausschüsse – für Wahlen, öffentliche

Dienstleistungen und zur allgemeinen Aufsicht –, sieben Ministerien – für Kultur und Religion, Innere Angelegenheiten, Erziehung, Finanzen, Information und Internationale Beziehungen, Sicherheit und Gesundheit – und eine Planungsabteilung. Seit 1990 bereitet das „Tibet Constitution Redrafting Committee" eine offizielle Verfassung für das zukünftige Tibet vor. Nachdem sie zunächst dem Parlament vorgelegt wurde, dann dem Dalai Lama, ist am 14. Juni 1991 auch eine Charta für die Exiltibeter angenommen worden.

Die Versammlung der Abgeordneten des tibetischen Volkes, die zum elften Mal seit ihrer Gründung im Jahr 1960 erneuert wurde, ist das höchste gesetzgebende Organ der Flüchtlingsgemeinschaft. 46 auf demokratischem Weg gewählte Parlamentarier vertreten dort die drei Provinzen Tibets: Ü-Tsang, Kham und Amdo (zehn Abgeordnete für jede Provinz); die fünf Hauptlehren des Buddhismus in Tibet: Kagüypa, Gelugpa, Sakyapa, Nyingmapa und Bön (zwei Abgeordnete für jede religiöse Lehre). Die in Europa lebenden Flüchtlinge werden von zwei Abgeordneten vertreten und jene, die in Nordamerika leben, von einem Abgeordneten. Der Dalai Lama ernennt drei Abgeordnete.

Die jüngste Versammlung, die von einem (vom Parlament gewählten) Präsidenten und von einem Vizepräsidenten geleitet wird und die bisher alle drei Jahre neu gewählt wurde, ist für die Dauer von fünf Jahren gebildet worden. Das Wahlrecht besteht ab dem Alter von 18 Jahren, und jeder Tibeter kann sich unabhängig von der sozialen Herkunft, dem Geschlecht oder der Religion – aber er muß mindestens 25 Jahre alt sein – für eine Parlamentswahl aufstellen lassen. Die Abgeordneten müssen regelmäßig die Flüchtlingssiedlungen, die Handwerkszentren und die Schulen besuchen, um die Lebensbedingungen der im Exil lebenden Tibeter beurteilen zu können. Sie wählen auch die Minister (*kalons*).

Der Ministerrat (*Kashag*) ist das höchste ausführende Organ der Zentralen Tibetischen Verwaltung. Er hängt direkt vom Dalai Lama ab. Die Minister werden vom Parlament gewählt. Das Kabinett setzt sich augenblicklich aus sechs *kalons* zusammen (es kann aus höchstens sieben und mindestens drei Ministern bestehen). Die mit gleichen Rechten und Pflichten ausgestatteten Minister leiten eine oder zwei Abteilungen der Zentralen Tibetischen Verwaltung. Einer von ihnen – er wird für die Dauer eines Jahres gewählt – führt den Vorsitz bei den Beratungen des Kabinetts.

Wie es in der Charta verankert wurde, ist der im März 1992 gegründete Oberste Gerichtshof, dessen Präsident vom Dalai Lama ernannt wird (der Ernennung müssen zwei Drittel der Parlamentsabgeordneten zustimmen), von der Regierung vollkommen unabhängig. Eine Kommission arbeitet zur Zeit ein Strafgesetzbuch und ein Bürgerliches Gesetzbuch aus, das der Situation der tibetischen Gemeinschaft im Exil angepaßt ist, das aber auch benutzt werden kann, wenn Tibet frei sein wird. Regionale juristische Einrichtungen unter der Kontrolle von sechs Ausschüssen sollen von hier aus im Jahr 2000 in jeder tibetischen Kolonie eingeführt werden.

Ein Wahlausschuß leitet und kontrolliert alle diese Wahlen im Parlament, in den örtlichen Versammlungen, inmitten des *kashag* ... und bei eventuellen Volksabstimmungen. Der Präsident dieses Ausschusses wird vom Dalai Lama für die Dauer von fünf Jah-

ren ernannt, aber er kann durch eine Zweidrittel-
mehrheit des Parlaments abgesetzt werden. Dieser
Ausschuß vergleicht ebenfalls die verschiedenen demokratischen Systeme, die es in der Welt gibt. Damit
soll die Grundlage für die Regierung geschaffen werden, eine Verfassung anzunehmen, die ganz genau auf
die Bedürfnisse des tibetischen Volkes zugeschnitten
ist.

Unter den anderen wichtigen Institutionen der heutigen tibetischen Exilregierung sollte das Aufsichts-
büro erwähnt werden, das 1975 gegründet wurde und
seit 1982 Kontrollen in den Kooperativen und in den
verschiedenen tibetischen Vereinigungen im Süden
Indiens durchführt. Im Einklang mit der Charta ist
dieses Büro für die Dauer von zehn Jahren eingerichtet und hat die vorrangige Aufgabe, das Management
der Zentralen Tibetischen Verwaltung zu verbessern.

Die 1988 gegründete Planungsabteilung entwickelt
Perspektiven für die nächsten fünf Jahre. Sie wird
vom Präsidenten des *kashag* geleitet. Die Umsetzung
eines solchen Planes hat der gesamten Gemeinschaft
geholfen, Management- und Planungstechniken besser zu verstehen, vor allem sollen die tibetischen
Siedlungen ermutigt werden, mehr Verantwortung zu
übernehmen.

Erziehung

Früher wurde die Erziehung neben den mönchischen
Universitäten sichergestellt durch:

– die *Höchste Schule*, gegründet vom VII. Dalai
Lama für die Mönche, die von der Regierung ange-

stellt werden. Die Diplome von dieser Schule richten sich an Verwaltungsangestellte, die ihre qualifizierte Ausbildung an der Ordensschule absolvierten;

– die *Tzitrug-Schule*, der beste Weg für Laien, um Zugang zu Verwaltungsposten zu bekommen; man brauchte von irgendeiner anderen Schule ein Diplom, um dort zugelassen zu werden. Der Akzent wurde dort auf die technische Ausbildung gelegt;

– das medizinische Zentrum von *Chakpori*, eines der ältesten in Tibet, für das nur Mönche zugelassen waren; die Laien (Männer und Frauen) wurden im astromedizinischen Zentrum (*Mentsikang*) ausgebildet, das die beste Einrichtung für astrologischen Unterricht war.

Im Grunde folgen die tibetischen Schulen dem Erziehungssystem des Asyllandes (zum Beispiel Indien). Zu diesen auf tibetisch gegebenen Kursen kommt der Unterricht für tibetische Kultur und Kunst (Tanz, Musik usw.).

Wenn die indische Regierung seit 1975 kostenlosen Schulunterricht für alle tibetischen Schüler gewährt, dann übernimmt das Erziehungsministerium seinerseits die Ausgaben für vier Internate; die Lehrbücher werden gratis verteilt.

Außerdem haben humanitäre Organisationen 21 vollkommen unabhängige Schulen gegründet. Die seit 1962 in Mussorie eingerichtete „Tibetan Homes Foundation" (die Stiftung Tibetischer Heime) hat mit nur drei Heimen angefangen. Diese Stiftung verwaltet heute 39 Heime und ein Jugendhotel, das bis zu 1300 Kinder aufnehmen kann. Das 1960 von der Mutter und der ältesten Schwester des Dalai Lama gegründete „Tibetan Children's Village" (das Tibetische Kinderdorf) konnte am Anfang nur 51 Waisen aufnehmen. Heute ist es eine humanitäre Institution, die vier Dörfer, fünf Internate, acht Schulen, zehn Einrichtungen für Vorschulkinder, vier Berufsschulen sowie zwei Jugendhotels verwaltet. Diese Stiftung nimmt mehr als 10000 Kinder auf, beschäftigt mehr als 1700 Personen und gewährt einigen 1000 Schülern während ihrer ganzen Schulzeit ein Stipendium.

Auf die Bitte des Dalai Lama hin hat die indische Regierung der Gründung der Gesellschaft tibetischer Schulen („Tibetan Schools Society") zugestimmt, die seitdem die zentrale Verwaltung der tibetischen Schulen geworden ist. 1960 sind also ins Leben gerufen worden: das Ministerium für Erziehung, das Tibetische Kinderdorf und die Stiftung Tibetischer Heime.

Heute können mehr als 27000 junge Tibeter – 7000 von ihnen sind zwischen vier und sieben Jahren alt – in 85 Schulen an einem spezifisch auf ihre Situation als Flüchtlinge zugeschnittenen Unterricht teilnehmen, um jeden Tag die Kultur ihres Landes ganz in sich aufzunehmen.

Die Erziehung ist ein wichtiger Punkt im Programm der Zentralen Tibetischen Verwaltung und der tibetischen Exilregierung – sie macht die Hälfte des Budgets der Zentralen Tibetischen Verwaltung aus. Von 1992–1993 beliefen sich die Ausgaben in diesem Bereich auf 160 Millionen Rupien (das entspricht ungefähr 7,5 Millionen Mark). Die Gesamtheit der vom Erziehungsministerium geführten Tätigkeiten ist dank der Großzügigkeit der indischen Regierung und zahlreicher ausländischer Patenschaften (SOS-Kinderdorf, Hilfe für tibetische Kinder, A. David Neel Stiftung ...) möglich geworden.

Die tibetischen Flüchtlinge

Unter der Führung des Dalai Lama hat die Zentrale Tibetische Verwaltung ein breites Rehabilitationsprogramm entwickelt, das zum Ziel hat, die Flüchtlinge wieder in eine Gemeinschaft einzugliedern; dies ist wichtig, damit sie dort ihre Kultur, ihre Sprache, ihre Traditionen und vor allem ihre Identität bewahren können.

1994 leben mehr als 69 000 Tibeter in 54 Kolonien in Indien, Nepal und Bhutan, und etwa 52 000 Flüchtlinge leben außerhalb dieser Kolonien. Die Integration der Flüchtlinge ist die vorrangige Aufgabe der Zentralen Tibetischen Verwaltung. Dabei entstehen heute enorme Probleme aus dem wachsenden Zustrom von Neuankömmlingen. Im Laufe der letzten acht Jahre sind mehr als 13 000 Menschen aus Tibet geflüchtet, eine Erhöhung der im Exil lebenden Menschen um zehn Prozent.

Wenn auch Indien, Nepal und Bhutan die tibetische Gemeinschaft unterstützen, gibt es doch kaum mehr verfügbares Land, und die übervölkerten Kolonien können den Flüchtlingen nur als allerletzte Zuflucht dienen. Dazu eine Zahl: Nahezu 9800 vertriebene Tibeter, die zwischen 1959 und 1979 ankamen, konnten immer noch nicht von dem Rehabilitationsprogramm der Zentralen Tibetischen Verwaltung aufgefangen werden.

Obwohl sie mit Vergeltungsmaßnahmen rechnen mußten, entschieden sich einige der Flüchtlinge für eine Rückkehr nach Tibet, nachdem sie den Dalai Lama in Dharamsala getroffen und seinen Segen erhalten hatten.

1992 sind nahezu 4000 Tibeter aus Tibet geflüchtet. 1993 waren es 4500, und die Zahlen steigen unaufhörlich. Es gibt zahlreiche Gründe, die die Tibeter dazu drängen, ihr Land zu verlassen und häufig auch ihre Familie im Stich zu lassen. Einer der wichtigsten ist sicher, daß ihnen in ihrem eigenen Land ihre bürgerlichen Rechte weggenommen wurden. Viele von ihnen haben schwere Gefängnisstrafen verbüßt, einfach weil sie gegen die Unterdrückungspolitik der Besatzungsmacht protestiert haben. Ein weiterer Grund ist, daß es in Tibet keine religiöse Freiheit für die Laien gibt, noch weniger für die Mönche und Nonnen, obwohl die Regierung in Peking das Gegenteil behauptet. China toleriert einige religiöse Einrichtungen, aber diese sind nur Touristenattraktionen. Der spärliche Unterricht in diesem Land wird auf chinesisch gehalten. Darüber hinaus laufen die Kinder Gefahr, nach China überführt und dort „erzogen" zu werden. Die Eltern ziehen es also vor, sie nach Indien zu schicken, wo sie von der Exilregierung betreut werden und eine echte tibetische Erziehung erhalten können. So entscheiden sich zahlreiche junge Menschen zwischen 14 und 25 Jahren, die der Schulpflicht bereits entbunden sind, freiwillig für das Abenteuer des Exils.

Die Tibeter flüchten aus ihrem Land im Winter, wenn die Beweglichkeit des Militärs eingeschränkt ist. Sie überqueren die Gebirgspässe der Himalajakette bis nach Nepal. Die Folgen dieses langen winterlichen Marsches in den Bergen sind für viele Flüchtlinge schrecklich. Nicht selten kommt es vor, daß man bei ihrer Ankunft in Nepal – wenn sie dort überhaupt ankommen – erfrorene Gliedmaßen amputieren muß. Aber die Tibeter wissen, daß auf der anderen Seite der Gebirgskette der Dalai Lama lebt, daß es Einrichtungen gibt, die sie aufnehmen, wo ihre Kinder dem Schulunterricht auf tibetisch folgen können. Sie wissen, daß sie am Ende des Weges die Freiheit erwartet ...

In Katmandu kümmert sich ein Aufnahmezentrum um die Flüchtlinge und bringt sie ins Krankenhaus oder nach Neu-Delhi. Dann beurteilen die Vertreter des Ministeriums für Kultur und Religion ihre beruflichen Fähigkeiten und vergleichen diese mit dem Bedarf in den Flüchtlingskolonien. Sie leiten sie weiter nach Dharamsala, in die Kolonien des Südens, wenn sie dort Familie oder Freunde haben oder, je nach Verfügbarkeit, in die Männer- oder Frauenklöster, wenn es sich um Mönche oder Nonnen handelt. Die Mehrzahl der Neuankömmlinge kann nur wenig später Seine Heiligkeit den Dalai Lama treffen, seinen Segen erhalten und die Zentrale Tibetische Verwaltung darüber informieren, was wirklich in Tibet vor sich geht.

Dokumentation von Gilles van Grasdorff

Danksagungen

Dieses Buch, das unter der Mitwirkung des XIV. Dalai Lama entstand, hätte sich ohne die freundliche Hilfe der Exilregierung und der gesamten tibetischen Gemeinschaft in Indien nicht verwirklichen lassen.

Mein Dank geht zuerst an das „Luxemburger Wort" und an „Écho illustré" in Genf sowie an meinen Verleger J.-C. Lattès, der mir diese unvergeßliche Begegnung mit dem Dalai Lama ermöglicht hat.

Es ist mir auch sehr wichtig, mich bei Herrn Dawa Thondup, dem Vertreter Seiner Heiligkeit des Dalai Lama in Frankreich, auf der Iberischen Halbinsel und in den Beneluxstaaten zu bedanken. Mein Dank geht gleichermaßen an Herrn Tempa Tsering, den Sekretär des Ministeriums für Information und Internationale Beziehungen, an Herrn Wangpo Bashi und an Herrn Massoud Butt. Ich danke dem Privatsekretariat Seiner Heiligkeit des Dalai Lama in Dharamsala: Herrn Tenzin Geyche Tethong, Herrn Kelsang Gyaltsen und Herrn Tashi Tsering.

Danksagungen auch an Frau Jetsun Pema, Schwester Seiner Heiligkeit des Dalai Lama und Präsidentin der „Tibetan Children's Villages"; Herrn Minister Tenzin N. Tethong, Leiter der Exilregierung und Minister für Information und Internationale Beziehungen; an den ehrwürdigen Prof. Sandhong Rinpoché,

Präsident des tibetischen Exilparlaments; Herrn Lobsang Thargyal, Präsident des Obersten Gerichtshofs; an den ehrwürdigen Thupten Ngodub, „Medium of the Tibet State Oracle"; Herrn Tenzin P. Atisha, Leiter des Umwelt- und Entwicklungsministeriums; Herrn Minister Tashi Wangdi, Minister für Gesundheit; Herrn Jamyang Dorjee, Ministerium für Religion und Kultur; Herrn Dhonchung Ngodup, Ministerium für Sicherheit; Herrn Dresang Tsering, Minsterium für Gesundheit; an den ehrwürdigen Tenzin Topgyal, Abgeordneter und Sekretär des Ministeriums für Religion und Kultur; Herrn Jampa Chonjor, Ministerium für Innere Angelegenheiten; Herrn Tsering Wangyal, Ministerium für Erziehung; Herrn Tashi Phuntsok, Ministerium für Finanzen; an den Lama, Herrn W. Gyaltsen, Planungsabteilung; Herrn Tsewang Phuntsok, Präsident des „Tibetan Youth Congress"; Herrn Tsering Tashi, Direktor des Instituts für Astrologie und Medizin; an den ehrwürdigen Lobsang Gyatso, Direktor des Instituts für buddhistische Dialektik; Frau Ngawang Lhamo, Generalsekretärin des tibetischen Frauenverbandes; Herrn Ngodup Tsering, Direktor des Tibetischen Instituts für bildende Künste; Dr. Namgyal Tsering, Mitglied des Kulturausschusses; Herrn Jampa Kelsang am tibetischen Institut für Astrologie; Herrn Tashi Tsering, Historiker; an den ehrwürdigen und erst vor kurzem geflüchteten Palden Gyatso; an die tibetische Nonne Ngawang Kyizom; an das Hotel Tibet in Dharamsala.

Ich möchte mich bei allen entschuldigen, die ich vielleicht zu erwähnen vergessen habe.

Mein Dank richtet sich ebenfalls an Herrn Bernard Brigouleix, Herrn Jérôme Letellier, Frau Danielle

Pinkstein, Frau Colette Manne, Frau Dominique Natot, Herrn Roland Barraux, Herrn und Frau André und Micheline Gazo, Herrn Fernando Perreira und Herrn Guy Izapow.

Ich denke liebevoll an Marie und an meinen kleinen Tenzin Soepa.

Dalai Lama bei Herder/Spektrum

Dalai Lama
Der Friede beginnt in dir
Wie innere Haltung nach außen wirkt
Band 4451
Die moderne Auslegung der wichtigsten Lehren über den Weg zu innerem und äußerem Frieden. Einer der schönsten Texte des Buddhismus.

Dalai Lama
Mitgefühl und Weisheit
Ein großer Mensch im Gespräch mit Felizitas von Schönborn
Band 4288
In diesem Gespräch wird die Botschaft des Dalai Lama – auch zur weltpolitischen und ökologischen Lage – plastisch und begreifbar wie nie zuvor. Das Tor zum tibetischen Buddhismus.

Dalai Lama
Sehnsucht nach dem Wesentlichen
Die Gespräche in Bodhgaya
Band 4229
Menschen aus allen Kulturkreisen haben den Friedensnobelpreisträger aufgesucht und neue Impulse für ihr spirituelles Leben gewonnen.

Dalai Lama
Einführung in den Buddhismus
Die Harvard-Vorlesungen
Band 4148
Ein faszinierendes Dokument östlicher Geisteskultur, wie es außer dem Friedensnobelpreisträger wohl kaum ein buddhistischer Lehrer hätte verfassen können.

Dalai Lama
Zeiten des Friedens
Band 4065
Einer der großen geistigen Führer unserer Zeit gibt der Sehnsucht nach Frieden wichtige spirituelle Impulse.

HERDER / SPEKTRUM

Lebenswissen der Religionen

Geshe Thubten Ngawang
Genügsamkeit und Nichtverletzen
Natur und spirituelle Entwicklung im tibetischen Buddhismus
Mit Beiträgen des Dalai Lama
Band 4356
Aus dem Kern der Botschaft des Dalai Lama sind die Konsequenzen
formuliert, die sich aus buddhistischer Sicht ergeben.

Thich Nhat Hanh
Zeiten der Achtsamkeit
Mit einer Einleitung hrsg. von Judith Bossert und
Adelheid Meutes-Wilsing
Band 4492,
In der Übung der Achtsamkeit liegt der Weg zum Wesentlichen.
Die schönsten Texte des Meditationsmeisters.

Karlfried Graf Dürckheim
Wunderbare Katze
Und andere Zen-Texte
Band 4489
Der Klassiker jetzt im Taschenbuch. Die Quelle östlichen Lebenswissen.

Annemarie Schimmel
Wie universal ist die Mystik?
Die Seelenreise in den großen Religionen der Welt
Band 4484
Eine große Kennerin erschließt die Welt der Mystik.

Leben ist mehr
Das Lebenswissen der Religionen und die Frage nach dem Sinn
des Lebens
Band 4470
Voll im Leben und doch fehlt etwas. Die großen Religionen bieten
überraschende Alternativen.

HERDER / SPEKTRUM

David Steindl-Rast
Staunen und Dankbarkeit
Der Weg zum spirituellen Erwachen
Hrsg. von W. Binder
Band 4424

Das Lebens-Buch eines spirituellen Meisters: Erfahrungen, die eine neue
Wahrnehmung und Haltung wachsen lassen.

Benjamin Radcliff/Amy Radcliff
Zen denken
Ein anderer Weg zur Erleuchtung
Band 4396

Die alternative Einführung für alle, die Zen von der eigenen westlichen
Erfahrung her verstehen und praktizieren wollen.

Thich Nhat Hanh
Lächle deinem eigenen Herzen zu
Wege zu einem achtsamen Leben
Hrsg. von J. Bossert/A. Meutes-Wilsing
Band 4370

Die einfache, tiefe Botschaft an Menschen, die in der Hektik des Alltags
beim Gehen schon ans Rennen denken.

Amadeo Solé-Leris
Die Meditation, die der Buddha selber lehrte
Wie man Ruhe und Klarblick gewinnen kann
Band 4316

Der bedeutende westliche Meister erschließt in diesem praktischen
Handbuch dem Meditationsanfänger die älteste Überlieferung
buddhistischer Meditation.

Daisetz Teitaro Suzuki
Wesen und Sinn des Buddhismus
Ur-Erfahrung und Ur-Wissen
Band 4197

Die Quintessenz des Buddhismus: Grundideen des Zen, seine
Spiritualität und Philosophie in überzeugend klarer Darstellung.

HERDER / SPEKTRUM

Frithjof Schuon
Den Islam verstehen
Innere Lehre und mystische Erfahrung
Band 4189
Was macht den Kern des Islam aus? Weit entfernt von Zerrbildern und
Vorurteilen beschreibt Schuon, warum und woran Muslime glauben.

Katsuki Sekida
Zen-Training
Das große Buch über Praxis, Methoden, Hintergründe
Band 4184
Wie kann man als westlicher Mensch Zen-Meditation lernen?
„Das erste umfassende Handbuch" (Psychology today).

Hugo M. Enomiya-Lassalle
Der Versenkungsweg
Zen-Meditation und christliche Mystik
Band 4142
In jedem Menschen steckt ein Mystiker – hier vermittelt der große
Lehrer fernöstlicher Weisheit die Essenz seiner Erfahrung.

Die Reden des Buddha
Lehre, Verse, Erzählungen
Band 4112
Texte voll denkerischer Tiefe und Poesie – ein Kompendium des
Weisheitswissens von unvergleichlicher Aktualität.

Die fünf großen Weltreligionen
Islam, Judentum, Buddhismus, Hinduismus, Christentum
Herausgegeben von Emma Brunner-Traut
Band 4006
Über die Grenzen der Kontinente hinweg erschließt dieses Buch den
Kosmos der Religionen.

HERDER / SPEKTRUM

Texte zum Nachdenken

Anthony de Mello
Wie ein Fisch im Wasser
Anleitung zum Glücklichsein
Band 4459
Kurze Meditationen über die bedingungslose, reine Liebe, die auch loslassen kann und zu der jeder fähig ist.

Thomas Merton
Sinfonie für einen Seevogel
Weisheitstexte des Tschuang-tse
Aus dem Englischen von Bernardin Schellenberger
Band 4421
Der moderne, weltbekannte Mystiker legt hier eine sehr persönliche Auswahl großer Weisheitstexte des chinesischen Denkers Tschuang-tse vor.

Anthony de Mello
Eine Minute Unsinn
Weisheitsgeschichten
Band 4379
Die Leichtigkeit des Seins ist es, in die de Mellos geschliffene Skizzen einladen.

Idries Shah
Das Geheimnis der Derwische
Sufigeschichten
Band 4377
Ein Leben lang auf der Suche nach der letzten Wahrheit. Die tiefsten und schönsten Erzählungen der geheimnisvollen Meister aus dem Orient.

Anthony de Mello
Zeiten des Glücks
Herausgegeben von Anton Lichtenauer
Band 4330
Das Glück ist nicht zu „machen", aber Glücklich-Sein kann man üben. Heitere, leichte und zugleich tiefe Texte eines großen spirituellen Lehrers.

HERDER / SPEKTRUM

Elie Wiesel
Geschichten gegen die Melancholie
Die Weisheit der chassidischen Meister
Band 4296
Die chassidische Weisheit als wahre Lebenshilfe – Zeichen der
Hoffnung und Waffe gegen die Melancholie.

Mahatma Gandhi
Handeln aus dem Geist
Texte zum Nachdenken
Band 4173
Man nannte ihn die „Große Seele". Wahrheit, Gerechtigkeit und Friede
waren sein Programm. Seine Kerngedanken sind hier gesammelt.

Thomas Merton
Zeiten der Stille
Herausgegeben und eingeleitet von Bernardin Schellenberger
Band 4107
Auf das ursprüngliche Sprechen des Schweigens wieder zu hören – dazu
leitet dieses Buch an.

Pharaonische Lebensweisheit
Eingeleitet, übersetzt und kommentiert von
Emma Brunner-Traut
Band 4089
Das überraschend moderne Zeugnis der sehnsuchtsvollen Suche des
Menschen nach dem Geheimnis seiner Existenz.

Annemarie Schimmel
Die orientalische Katze
Mystik und Poesie des Orients
Band 4033
Die berühmte Orientalistin zeigt hier, wie die Poeten und Weisen des
Ostens die Katze, dieses geheimnisvolle Tier, verstanden.

HERDER / SPEKTRUM